Deutsch als Fremdsprache

Friedrich Clamer / Erhard G. Heilmann

Übungsgrammatik für die Grundstufe

Lösungsheft
von Helmut Röller

Verlag Liebaug-Dartmann

Bibliografische Information der Deutschen Nationalbibliothek
Die Deutsche Nationalbibliothek verzeichnet diese Publikation in der Deutschen Nationalbibliografie; detaillierte bibliografische Daten sind im Internet über http://dnb.d-nb.de abrufbar.

Bibliographic information published by the Deutsche Nationalbibliothek
The Deutsche Nationalbibliothek lists this publication in the Deutsche Nationalbibliografie; detailed bibliographic data are available in the Internet at http://dnb.d-nb.de.

Printed in Germany
1. Aufl. Wiesbaum 1997; 2. Aufl. 1999; 3. Aufl. 2002 Meckenheim
4. überarbeitete Aufl. 2007 Meckenheim
ISBN 978-3-922989-71-4

1.

3.	ich arbeite	– du arbeitest	man arbeitet	– ihr arbeitet
4.	ich atme	– du atmest	man atmet	– ihr atmet
5.	ich befehle	– du befiehlst	man befiehlt	– ihr befehlt
6.	ich begegne	– du begegnest	man begegnet	– ihr begegnet
7.	ich beobachte	– du beobachtest	man beobachtet	– ihr beobachtet
8.	ich beweise	– du beweist	man beweist	– ihr beweist
9.	ich bilde	– du bildest	man bildet	– ihr bildet
10.	ich bitte	– du bittest	man bittet	– ihr bittet
11.			es dauert	
12.	ich darf	– du darfst	man darf	– ihr dürft
13.	ich lade ein	– du lädst ein	man lädt ein	– ihr ladet ein
14.	ich empfehle	– du empfiehlst	man empfiehlt	– ihr empfehlt
15.	ich erinn(e)re	– du erinnerst	man erinnert	– ihr erinnert
16.	ich esse	– du isst	man isst	– ihr esst
17.	ich fahre	– du fährst	man fährt	– ihr fahrt
18.	ich falle	– du fällst	man fällt	– ihr fallt
19.	ich finde	– du findest	man findet	– ihr findet
20.	ich frage	– du fragst	man fragt	– ihr fragt
21.	ich gebe	– du gibst	man gibt	– ihr gebt
22.	ich gehe	– du gehst	man geht	– ihr geht
23.			es geschieht	
24.	ich habe	– du hast	man hat	– ihr habt
25.	ich halte	– du hältst	man hält	– ihr haltet
26.	ich heiße	– du heißt	man heißt	– ihr heißt
27.	ich heize	– du heizt	man heizt	– ihr heizt
28.	ich helfe	– du hilfst	man hilft	– ihr helft
29.	ich klingle	– du klingelst	man klingelt	– ihr klingelt
30.	ich komme	– du kommst	man kommt	– ihr kommt
31.	ich kann	– du kannst	man kann	– ihr könnt
32.	ich lächle	– du lächelst	man lächelt	– ihr lächelt
33.	ich lasse	– du lässt	man lässt	– ihr lasst
34.	ich laufe	– du läufst	man läuft	– ihr lauft
35.	ich lebe	– du lebst	man lebt	– ihr lebt
36.	ich lerne	– du lernst	man lernt	– ihr lernt
37.	ich lese	– du liest	man liest	– ihr lest
38.	ich mache	– du machst	man macht	– ihr macht
39.	ich miete	– du mietest	man mietet	– ihr mietet
40.	ich möchte	– du möchtest	man möchte	– ihr möchtet
41.	ich muss	– du musst	man muss	– ihr müsst
42.	ich nehme	– du nimmst	man nimmt	– ihr nehmt
43.	ich öffne	– du öffnest	man öffnet	– ihr öffnet
44.	ich rate	– du rätst	man rät	– ihr ratet
45.	ich rechne	– du rechnest	man rechnet	– ihr rechnet
46.	ich reise	– du reist	man reist	– ihr reist
47.	ich reiße	– du reißt	man reißt	– ihr reißt
48.	ich sage	– du sagst	man sagt	– ihr sagt
49.	ich sammle	– du sammelst	man sammelt	– ihr sammelt
50.	ich schlafe	– du schläfst	man schläft	– ihr schlaft
51.	ich sehe	– du siehst	man sieht	– ihr seht
52.	ich bin	– du bist	man ist	– ihr seid
53.	ich setze	– du setzt	man setzt	– ihr setzt
54.	ich sitze	– du sitzt	man sitzt	– ihr sitzt
55.	ich soll	– du sollst	man soll	– ihr sollt

56.	ich spreche	–	du sprichst	man spricht	–	ihr sprecht
57.	ich stehle	–	du stiehlst	man stiehlt	–	ihr stehlt
58.	ich stoße	–	du stößt	man stößt	–	ihr stoßt
59.	ich trage	–	du trägst	man trägt	–	ihr tragt
60.	ich treffe	–	du triffst	man trifft	–	ihr trefft
61.	ich (be)trete	–	du (be)trittst	man (be)tritt	–	ihr (be)tretet
62.	ich trockne	–	du trocknest	man trocknet	–	ihr trocknet
63.	ich verbess(e)re	–	du verbesserst	man verbessert	–	ihr verbessert
64.	ich vergesse	–	du vergisst	man vergisst	–	ihr vergesst
65.	ich verstehe	–	du verstehst	man versteht	–	ihr versteht
66.	ich warte	–	du wartest	man wartet	–	ihr wartet
67.	ich wachse	–	du wächst	man wächst	–	ihr wachst
68.	ich wasche	–	du wäschst	man wäscht	–	ihr wascht
69.	ich werde	–	du wirst	man wird	–	ihr werdet
70.	ich weiß	–	du weißt	man weiß	–	ihr wisst
71.	ich will	–	du willst	man will	–	ihr wollt
72.	ich zeichne	–	du zeichnest	man zeichnet	–	ihr zeichnet

Er mietet das Haus.
Liest du ein Buch?
Er schläft nicht.
Wollt ihr Schinken essen?
Fährst du zum Bahnhof?
Das Baby lächelt.
Sie vergisst alle Namen.
Ihr findet den Schlüssel.
Öffnest du die Tür?

2.

2. isst; 3. essen; 4. Hilfst; 5. bildet; 6. liest; 7. antwortet; 8. Lässt; 9. sitzt; 10. setzen; 11. trocknet; 12. öffnet; 13. will; 14. spricht; 15. weiß, findet; 16. heißt; 17. sehen; 18. darf; 19. muss; 20. geht; 21. Schläfst; 22. stiehlt; 23. Seht; 24. fährt; 25. hält; 26. laufe

3.

2. spricht; 3. fährst; 4. sammelt; 5. liest; 6. setzt; 7. feiert; 8. Empfiehlst; 9. Trägst; 10. kaufst; 11. trifft; 12. arbeitest; 13. wäscht; 14. bittest; 15. isst; 16. heißt; 17. läuft; 18. sitzt; 19. schläfst; 20. findet; 21. rechnet; 22. vergisst; 23. duschst; 24. Erinnert; 25. lässt

4.

2. kann; 3. weiß; 4. erhält; 5. wird; 6. heizt; 7. lädt; 8. darf; 9. muss; 10. nimmt; 11. will; 12. möchte; 13. hilft; 14. isst; 15. soll

5.

läuft; findet; wohnt; nimmt; öffnet; sagt; sind; setzt; kocht; fragt; Isst; antwortet; sieht; spricht; lädt; schläfst; sagt; hilft; stellt; schläfst; wäscht; fährt; findet; rätst; Hilfst; Weißt; beantwortet; sagt; gibt; gehen; warten

6.

2. Die Studenten aus Italien fahren bald wieder heim.
3. Die Lehrerin unterstreicht alle Infinitive des Textes.

4. Der Student antwortet auf alle Fragen des Professors.
5. Die Mutter erzählt ihren Kindern jeden Abend eine Geschichte.
6. Der Politiker beantwortet die Fragen der Journalisten.
7. Die Freunde sehen sich nach langer Zeit wieder.
8. Die Studenten diskutieren über die Mieterhöhung.
9. Die Flasche enthält Bier.
10. Die Studentin liest den Text durch.
11. Sonntags geht die ganze Familie spazieren.
12. Die deutsche Regierung lädt den französischen Präsidenten ein.
13. Der Fußgänger überquert die Straße.
14. Der Arzt behandelt den Patienten.
15. Am Abend geht die Sonne im Nordwesten unter.
16. Die Familie unternimmt eine Ferienreise.
17. Der Lehrer streicht das falsche Wort durch.
18. Vor Betreten des Zimmers klopft man an.
19. Die Ärztin untersucht das kranke Kind gründlich.
20. Am Wochenende arbeite ich in einem Schnellrestaurant.

7.

2. betritt; 3. sagt; 4. fangen … an; 5. verteilt; 6. fordert … auf; 7. liest … vor; 8. hören … zu; 9. fragt; 10. erklärt; 11. formen … um; 12. entstehen; 13. untersuchen; 14. unterscheidet; 15. erkennen; 16. beklagt sich; 17. beschäftigen uns, erleichtert; 18. antwortet; 19. wischt … ab; 20. schreibt … an; 21. schreiben … ab; 22. verlassen; 23. rufen … an

8.

2. kann; 3. kann; 4. muss; 5. Wollt; 6. muss; 7. kann; 8. müsst; 9. darf; 10. kannst; 11. muss; 12. Kannst; 13. soll; 14. wollen; 15. soll; 16. müssen; 17. kannst; 18. Möchtest; 19. muss; 20. dürfen; 21. soll; 22. Will

9.

2. Ich bringe dir das Buch morgen wieder.
3. Manche Sätze missversteht man.
4. Ich rufe meinen Freund an.
5. Verbessert ihr eure Deutschkenntnisse?
6. Wer fehlt, entschuldigt sich.
7. Ich bezahle diesen Monat meine Miete nicht.
8. Wie lange arbeitet ihr morgen?
9. Jetzt sieht Mäxchen fern.
10. Welches Restaurant empfiehlst du uns?
11. Ida zieht aus ihrem Zimmer aus.
12. Nimmst du uns nach Dortmund mit?
13. Anna fängt mit dem Vorlesen an!
14. Wir überlegen uns eine Antwort auf die Frage.
15. Auch Otto denkt darüber nach.
16. Das Licht schalten Sie aus, wenn Sie weggehen.
17. Du übersetzt besser als der Lehrer.
18. Antwortest du nicht auf meine Frage?
19. Man misstraut seinen Worten.

20. Studierende wiederholen den Kurs einmal.
21. Wer empfängt die Gäste?
22. Nimmt Frau Lie an der Prüfung teil?

10.

2. zeigt ... vor; 3. gibt ... ab; 4. behält; 5. kontrolliert; 6. durchsucht; 7. geht ... hinein; 8. setzt ... hin; 9. ruft ... auf; 10. besteigt; 11. fliegt ... ab; 12. kommt ... an; 13. verlässt; 14. betritt, stellt ... auf; 15. fährt ... vorbei; 16. nimmt ... herunter; 17. kommt ... heraus; 18. steigt ... ein; 19. fährt ... ab, bringt; 20. hält ... an; 21. bezahlt, steigt aus; 22. betritt; 23. meldet ... an, wartet; 24. geht ... hinein, verhandelt

11.

2. Paul, bitte wasch dich!
3. Kinder, bitte kommt!
4. Kinder, bitte geht zu Bett!
5. Kinder, bitte steht auf!
6. Elke, bitte wasch ab!
7. Paul, bitte trockne die Teller ab!
8. Lisa und Paul, bitte macht die Hausaufgaben!
9. Elke, bitte hilf den beiden!
10. Lisa, bitte schalte den Fernseher aus!
11. Elke, bitte hol die Teller!
12. Elke, bitte bring auch das Besteck mit!
13. Paul, bitte schreib ein bisschen schöner!
14. Lisa, bitte beruhige dich!
15. Kinder, bitte seid leise!

12.

2. Zeigen Sie bitte die Zunge!
3. Sagen Sie bitte „Aaaaa“!
4. Machen Sie bitte den Oberkörper frei!
5. Heben Sie bitte die Arme!
6. Drehen Sie sich bitte um!
7. Atmen Sie bitte tief ein!
8. Halten Sie bitte den Atem an!
9. Ziehen Sie bitte die Schuhe aus!
10. Legen Sie sich bitte auf die Liege!
11. Stellen Sie sich bitte auf die Waage!
12. Trinken Sie bitte keinen Alkohol mehr!
13. Nehmen Sie bitte täglich drei Tabletten!

13.

2. mir; 3. euch; 4. euch; 5. mich; 6. mir; 7. sich; 8. uns; 9. dich; 10. sich

14.

2. uns; 3. dir; 4. sich; 5. sich; 6. dir; 7. dich; 8. dir; 9. sich; 10. euch; 11. dir; 12. dir; 13. mich; 14. sich; 15. mir

15.

2. Ja, zieh dir die Jacke aus!
3. Ja, merk dir das!
4. Ja, beeil dich!
5. Ja, kauf dir das Buch!
6. Ja, rasier dich!
7. Ja, nimm dir noch einen Kaffee!
8. Ja, bedank dich bei Erika!
9. Ja, bewirb dich auch in München!
10. Ja, verlass dich auf mich!
11. Ja, erkundige dich am Bahnhof!

16.

ich lebte	er klingelte
ich antwortete	er brachte
ich sagte	er wohnte
ich öffnete	er setzte
ich wollte	er rechnete
ich reiste	er konnte
ich durfte	er wandte
ich änderte	er wusste
ich begegnete	er bildete

17.

ich nahm – sie nahmen
ich half – sie halfen
ich begann – sie begannen
ich schwamm – sie schwammen
ich fand – sie fanden
ich sang – sie sangen
ich fuhr – sie fuhren
ich wuchs – sie wuchsen
ich gab – sie gaben
ich aß – sie aßen
ich flog – sie flogen
ich zog – sie zogen
ich blieb – sie blieben
ich entschied – sie entschieden

18.

2. Du bliebst zu Hause.
3. Der Unterricht begann.
4. Wir flogen nach Rom.
5. Dachtet ihr nur an die Prüfung?
6. Die Kinder aßen Äpfel.
7. Ich brachte das Buch zurück.
8. Peter bot mir seinen Platz.
9. Ein Tourist bat mich um eine Auskunft.

10. Wir gingen spazieren.
11. Das Feuer brannte gut.
12. Die Hunde bissen sich.
13. Der Roman gefiel mir gut.

19.

2. gilt; 3. brät (briet); 4. entscheiden; 5. vergleichen; 6. flieht (floh); 7. gießen; 8. eindringen; 9. biegt (bog) ein; 10. Blas; 11. gewinnen; 12. empfehlen; 13. brechen; 14. friere; 15. genießen (genossen)

20.

1. Ich rief meine Schwester an.
2. Sie schlief noch.
3. Der Mann kannte mich nicht.
4. Wir kamen spät nach Hause.
5. Ihr hattet nie Zeit.
6. Sie nahmen Abschied von uns.
7. Ich nannte ihr meinen Namen.
8. Petra schrieb mir einen Brief.
9. Der Film lief mit großem Erfolg im Kino.
10. Die Schiffe lagen im Hafen.
11. Die Kinder rannten zum Spielplatz.
12. Wir halfen unseren Nachbarn.
13. Max schloss die Tür zu.

21.

1. schuf; 2. schreit; 3. schmilzt (schmolz); 4. litten; 5. vermeiden; 6. einladen; 7. scheint; 8. rät (riet); 9. erschrecke; 10. heben; 11. zerriss; 12. schneiden; 13. riecht; 14. misst (maß); 15. schieben

22.

1. Ich war mit meiner Wohnung zufrieden.
2. Du saßest neben mir.
3. Peter traf seine Freunde im Café.
4. Wir wurden sofort informiert.
5. Ihr tatet nichts.
6. Die Kinder sangen ein Lied.
7. Ich wusch meine Wäsche selbst.
8. Wusstest du etwas von seinen Plänen?
9. Der Bus stand an der Haltestelle.
10. Wir sprachen über Politik.
11. Zwei Radfahrer stießen zusammen.
12. Sie vergaß oft ihr Portemonnaie.

23.

1. unterstreichen; 2. beweisen; 3. verschwindet (verschwand); 4. wiegt; 5. steigen; 6. ziehe (zog); 7. streiten (stritten); 8. sinken; 9. wenden; 10. schweigen; 11. stechen; 12. verdirbt; 13. wirbt (warb); 14. Treiben; 15. stehlen

24.

2. Sie kannte niemanden in Göttingen.
3. Sie suchte ein Zimmer.
4. Sie fand kein Zimmer.
5. Sie war verzweifelt.
6. Sie wollte schon abreisen.
7. Schließlich hatte sie Glück.
8. Sie las das „Göttinger Tageblatt“.
9. In der Zeitung stand eine Anzeige.
10. Jemand bot ein Zimmer an.
11. Das Zimmer kostete 250 €.
12. Es lag im Stadtzentrum.
13. Petra mietete es sofort.
14. Sie unterschrieb den Mietvertrag.
15. Sie musste sofort eine Monatsmiete zahlen.

25.

1. Wie fandst du den Film?
2. Er öffnete die Tür.
3. Ich wandte (wendete) mich an den Lehrer.
4. Wolltet ihr ein Eis essen?
5. Wir wurden müde.
6. Wusstest du das nicht?
7. Das Feuer brannte hell.
8. Du saßest immer neben Otto.
9. Ihr wartetet vor der Mensa.
10. Er konnte nicht kommen.
11. Ich wechselte das Studienfach.
12. Du verließest das Haus.
13. Er brachte ein Geschenk mit.

26.

erhielt, wollte, bat, war, wollte, brauchte, setzte, meldete sich, ging, wunderte … sich, verlangte, gab, erlebte, wollte, hatte, konnte, war, war, musste, rief … an, teilte … mit, kam … an, freuten sich, hing, feierten

27.

zogen, lag, schleppten … hinunter, stolperte, ließ … los, rollte … hinunter, wunderten sich, ging, trugen … hinauf, konnten, freuten sich, arbeiteten, wurde, betraten, sahen, war, erkannten, waren, Sollten, hatte, schien, gingen, trugen, banden … zu, bedeckten, öffneten, schütteten … aus, blieb

28.

Nasreddin Hodscha besaß einen Esel. Eines Tages kam sein Nachbar und sagte: „Nasreddin, leih mir deinen Esel! Ich will mein Heu von der Wiese holen.“ Der Hodscha gab ihm den Esel. Bald stand der Nachbar wieder vor der Tür. „Nasreddin, ich muss einen Sack Zwiebeln zum Markt bringen; kann ich den Esel haben?“ Der Hodscha gab ihn ihm.

In der nächsten Woche wollte der Nachbar schon wieder den Esel leihen. Aber Nasreddin wollte ihn ihm nicht geben; er sagt: „Der Esel ist nicht hier". Da schrie der Esel im Stall. „Er ist doch hier", sagte der Nachbar, „ich höre ihn ja!" Der Hodscha schaute ihn nachdenklich an, dann sagte er: „Ich wundere mich über dich; mir glaubst du nicht – aber einem Esel glaubst du!"

29.

2. Er wollte sein Heu nach Hause holen.
3. Einen Sack Zwiebeln musste er zum Markt bringen.
4. Konnte er den Esel haben?
5. Angeblich war der Esel nicht da.
6. Der Nachbar hörte den Esel.
7. Er glaubte dem Hodscha nicht.
8. Nasreddin wunderte sich über ihn.

30.

gearbeitet
geöffnet
geändert
gesammelt
abgeholt
angestellt
bezahlt
übersetzt (übergesetzt)
studiert
probiert
gewollt
gekonnt
gewusst
verbracht

genommen
begonnen
weggeschwommen
erfunden
gesungen
eingeschlafen
erhalten
gefahren
gewachsen
abgeflogen
erzogen
entschieden
gewesen
geworden

31.

1. Der Bus hat eine alte Frau angefahren.
   Kadir hat sich beim Rasieren verletzt.
   Eva hat keinen Tee gewollt.
   Der Film hat mir nicht gefallen.
2. Wir sind in den Zug eingestiegen.
   Mein Bruder ist Informatiker geworden.
   Der Raketentest ist misslungen.
   Die Rakete ist kurz nach dem Start explodiert.
   Was ist dann passiert?

32.

2. Herr Mai ist mit 92 Jahren gestorben.
3. Du hast meinen Geburtstag vergessen?
4. Mein Bruder hat in Bonn studiert.
5. Sie ist in den Bus eingestiegen.
6. Otto hat bei der Stadtverwaltung gearbeitet.

7. Ich bin müde geworden.
8. Wir haben um 7 Uhr gefrühstückt.
9. Flugkapitan Rall hat den Airbus nach London geflogen.
10. Die Schlange hat sich nicht bewegt.
11. Es ist mir nicht gelungen, eine Arbeit zu finden.
12. Habt ihr die Tür zugeschlossen?
13. Die Temperatur ist in der Nacht unter null Grad gesunken.
14. Der Zug hat nur fünf Minuten gehalten.
15. Du hast mich missverstanden.
16. Wann haben sich viele Unfälle ereignet?
17. Im Nebel sind viele Unfälle passiert.
18. Ich habe das Buch auf den Tisch gelegt.
19. Es hat auf dem Tisch gelegen.
20. Warum bist du zu Hause geblieben?

33.

1. Peter ist nach Köln umgezogen.
2. Peter hat sich warm angezogen.
3. Eva hat sich den Kopf über ein passendes Geschenk zerbrochen.
4. Das Glas ist auf den Boden gefallen und (ist) zerbrochen.
5. Ich habe mir immer den Kopf an der Tür gestoßen.
6. Zwei Züge sind zusammengestoßen.
7. Eine Kundin hat den Laden betreten.
8. Eine Kundin ist eingetreten.

34.

2. Aber gestern bin ich nicht früh aufgestanden.
3. Aber gestern habe ich nicht zu Hause gefrühstückt.
4. Aber gestern bin ich nicht mit dem Fahrrad zur Arbeit gefahren.
5. Aber gestern bin ich nicht rechtzeitig in der Firma angekommen.
6. Aber gestern habe ich mittags keinen Hunger gehabt. (besser: … hatte ich keinen Hunger.)
7. Aber gestern habe ich nicht in der Kantine unserer Firma gegessen.
8. Aber gestern hat mir die Arbeit keinen Spaß gemacht.
9. Aber gestern bin ich nicht um 17 Uhr nach Hause zurückgefahren.
10. Aber gestern habe ich nach dem Abendessen nicht ferngesehen.
11. Aber gestern bin ich nicht früh zu Bett gegangen.
12. Aber gestern bin ich nicht sofort eingeschlafen.
13. Aber gestern habe ich nicht gut geschlafen.
14. Aber gestern habe ich geträumt.

35.

2. Ich habe nicht zu Ihnen kommen können.
3. Ich habe es ihm nicht sagen dürfen.
4. Die Universität hat 750 Studenten zugelassen.
5. Er hat diesen Kuchen nicht gemocht.
6. Ich habe meine Hose reinigen lassen.
7. Ich habe meinen Freund kommen sehen.

8. Wir haben viel Geld gebraucht.
9. Sie haben nach Rom fliegen wollen.
10. Die Touristen haben kein Italienisch gekonnt.
11. Hast du den Hund bellen hören?
12. Hast du das Verkehrsschild nicht gesehen?
13. Ich habe meiner Schwester nicht zu helfen brauchen.
14. Wir haben eine Strafe zahlen müssen.
15. Sie hat nichts von dir gewollt.

36.

2. geerbt hatte; 3. weggelaufen war; 4. geworden war; 5. verlegt hatte; 6. gelaufen war; 7. empfohlen hatte; 8. bestanden hatte; 9. entdeckt hatte; 10. gelebt hatte; 11. geblieben waren; 12. gegangen war; 13. gewesen war; 14. genannt hatte; 15. gemacht hatte

37.

2. werden sie mit dem Zug fahren.
3. werden sie nur wenig Gepäck mitnehmen können.
4. werden sie bei Verwandten wohnen.
5. werden sie bei ihren Verwandten essen.
6. werden sie Schwarzbrot essen.
7. werden sie oft Teepunsch trinken.
8. werden sie nur zwei Wochen Urlaub machen.
9. werden sie Deutsch sprechen können.
10. wird es im Sommer kälter sein.
11. wird er nur an warmen Tagen baden können.
12. wird sie das Nolde-Museum besuchen.

38.

2. Der Brief wird von mir ins Englische übersetzt.
   Der Brief wurde von mir ins Englische übersetzt.
   Der Brief ist von mir ins Englische übersetzt worden.
3. Die Grammatik wird den Studenten von der Lehrerin erklärt.
   Die Grammatik wurde den Studenten von der Lehrerin erklärt.
   Die Grammatik ist den Studenten von der Lehrerin erklärt worden.
4. Unsere Freunde werden von uns zum Essen eingeladen.
   Unsere Freunde wurden von uns zum Essen eingeladen.
   Unsere Freunde sind von uns zum Essen eingeladen worden.
5. In Frankreich wird viel Wein getrunken.
   In Frankreich wurde viel Wein getrunken.
   In Frankreich ist viel Wein getrunken worden.
6. Die Rechnung wird sofort bezahlt.
   Die Rechnung wurde sofort bezahlt.
   Die Rechnung ist sofort bezahlt worden.
7. Die Bücher werden wieder zurückgebracht.
   Die Bücher wurden wieder zurückgebracht.
   Die Bücher sind wieder zurückgebracht worden.
8. Versuche werden von dem Wissenschaftler durchgeführt.
   Versuche wurden von dem Wissenschaftler durchgeführt.
   Versuche sind von dem Wissenschaftler durchgeführt worden.

39.
1. Die Polizei kontrolliert die Geschwindigkeit.
2. Viele Autofahrer haben das Verbotsschild nicht beachtet.
3. Der Mechaniker reparierte mein Fahrrad.
4. Eine Heizungsfirma wird die Heizung einbauen.
5. Man hatte die Heizung nicht abgestellt.

40.
1. Das Formular wird von dem Studenten ausgefüllt.
2. Radioaktive Stoffe sind von MARIE CURIE analysiert worden.
3. EDISON erfand die Glühbirne.
4. Neue Fensterscheiben werden vom von dem Glaser eingesetzt werden.
5. Unsere Sekretärin ruft mich oft an.
6. Die Fehler wurden von dem Schüler berichtigt.
7. Die Tür ist von Peter geöffnet worden.
8. Ein Kind hat den Verkehrsunfall verursacht.
9. Die Schlüssel werden sicher wiedergefunden werden.
10. Hatte man Sie rechtzeitig informiert?

41.
1. Die Fragen können von ihm nicht beantwortet werden.
2. Das Haus konnte von unseren Freunden günstig gekauft werden.
3. Das Eis muss sofort gegessen werden.
4. Eine hohe Strafe hat von ihr gezahlt werden müssen.
5. Kinder dürfen nicht geschlagen werden.

42.
1. Man muss die Blumen abends gießen.
2. Der Hausmeister muss die Tür morgens öffnen.
3. Man konnte das Computer-Programm nicht installieren.
4. Man hat das Spielzeug nicht mehr reparieren können.
5. Die Versicherung wird den Schaden ersetzen müssen.

43.
1. Im Institut wurde von den Mitarbeiten nur noch über den Stellenabbau diskutiert.
2. Der Beamtin wurde vom Behördenleiter zur Beförderung gratuliert.
3. Über diesen Unfall ist tagelang geredet worden.
4. Kann auf die Verlesung des Protokolls verzichtet werden?
5. Dem Gesetz wurde von den meisten Abgeordneten zugestimmt.
6. Musste nicht mit solchen Schwierigkeiten gerechnet werden?
7. Den Opfern der Katastrophe wird geholfen werden müssen.
8. Nur von wenigen Autofahrern war auf die Verkehrsnachrichten geachtet worden.

44.
1. In Großbritannien fährt man links.
2. Die Gewerkschaft hat gegen die Schließung der Fabrik protestiert.
3. Man half den Verletzten schnell.
4. Man warnt überall vor den Folgen des Rauchens.

5. Die Presse hat ausführlich über die Konferenz berichtet.
6. Man begann bereits mit der Sanierung der Altstadt.

45.

2. Es werden leider oft Fehler gemacht.
3. Es werden zu wenig neue Lehrer eingestellt.
4. Es wurden mehrere Räume durchsucht. Es ist Falschgeld gefunden worden.
5. Kann mein Fahrrad repariert werden?
6. Es werden statt Batterien immer häufiger Akkus benutzt.

46.

2. Leider werden oft Fehler (von unseren Politikern) gemacht.
3. Zu wenig neue Lehrer werden (von der Regierung) eingestellt.
4. Mehrere Räume wurden (von der Polizei) durchsucht. Falschgeld ist gefunden worden.
5. Kann mein Fahrrad (von dir) repariert werden?
6. Statt Batterien werden immer häufig Akkus benutzt.

47.

1. Es mussten viele Bäume gefällt werden. (Viele Bäume mussten gefällt werden.)
2. Musste damit gerechnet werden?
3. Wird in Nigeria links gefahren?
4. Wenn Kinder anwesend sind, darf nicht geraucht werden. (Es darf nicht geraucht werden, wenn Kinder anwesend sind.)

48.

2. Es dürfen keine Tiere mitgenommen werden.
3. Es dürfen keine Waffen mitgebracht werden.
4. Es darf nicht zu viel Alkohol getrunken werden.
5. Es darf kein Feuer gemacht werden.
6. Der Pilot darf nicht gestört werden.

49.

2. Der Müll sollte sortiert werden.
3. Es sollten nur Mehrwegflaschen verwendet werden.
4. Es sollten keine Getränke in Dosen gekauft werden.
5. Es sollte weniger Kunstdünger verwendet werden.
6. Mit Rohstoffen sollte sparsamer umgegangen werden.
7. Es sollte viel Rad gefahren werden.
8. Auf das Auto sollte verzichtet werden.

50.

1. Milch und Butter müssen im Kühlschrank aufbewahrt werden.
2. Touristen dürfen nur eine Stange Zigaretten einführen.
3. Von den Freundinnen wird über den Zeitungsartikel diskutiert.
4. Um 8 Uhr wurde mit dem Unterricht begonnen.
5. Autoabgase verschmutzen die Luft.
6. Der Name konnte von uns nicht im Telefonbuch gefunden werden.
7. Gegen diesen Beschluss der Regierung hat man protestiert.

8. Dieser Pullover wird von ihm sicher niemals angezogen werden.
9. Ist von der Presse auf die Veranstaltung hingewiesen worden?
10. Zwei Raketen haben das Schiff zerstört.
11. Der Brief wurde vom (von dem) Dolmetscher ins Deutsche übersetzt.
12. Die Zeugin konnte keine weiteren Namen nennen.
13. Der Ball war von den Kindern wiedergefunden worden.
14. Jeder hat die Prüfung machen müssen.
15. Den Arbeitslosen muss vom Staat geholfen werden.
16. Der Code hat leider nicht entziffert werden können.
17. Wir alle hätten ihm widersprechen müssen.

51.

Sie konnte nicht kommen. Sie hat nicht kommen können. Sie hatte nicht kommen können. Sie wird nicht kommen können.

1. Ich musste zu Hause bleiben. Ich habe zu Hause bleiben müssen. Ich hatte zu Hause bleiben müssen. Ich werde zu Hause bleiben müssen.
2. Wolltest du auch verreisen? Hast du auch verreisen wollen? Hattest du auch verreisen wollen? Wirst du auch verreisen wollen?
3. Wir brauchten nicht zu arbeiten. Wir haben nicht zu arbeiten brauchen. Wir hatten nicht zu arbeiten brauchen. Wir werden nicht zu arbeiten brauchen.
4. Ihr durftet so etwas nicht sagen! Ihr habt so etwas nicht sagen dürfen! Ihr hattet so etwas nicht sagen dürfen! Ich werdet so etwas nicht sagen dürfen!
5. Die Tür konnte leicht geöffnet werden. Die Tür hat leicht geöffnet werden können. Die Tür hatte leicht geöffnet werden können. Die Tür wird leicht geöffnet werden können.
6. Die Bücher mussten liegen bleiben. Die Bücher haben liegen bleiben müssen. Die Bücher hatten liegen bleiben müssen. Die Bücher werden liegen bleiben müssen.

b) Hast du der schon überlegt, ob du auch verreisen willst?
c) Es ist schön, dass wir nicht zu arbeiten brauchen.
d) Wisst ihr nicht, dass ihr so etwas nicht sagen dürft?
e) Weiß jemand, ob die Tür leicht geöffnet werden kann?
f) Er meint, dass die Bücher liegen bleiben müssen.

52.

2. Nein, deutsche Schüler brauchen keine Uniform zu tragen.
3. Nein, Peter brauchte nicht allein zum Bahnhof zu gehen.
4. Nein, die Straßen brauchten während des Papstbesuchs nicht gesperrt zu werden.
5. Nein, Peter hat nicht lange zu warten brauchen.

53.

1. konnte; 2. wollte; 3. Soll, brauchst; 4. will, muss; 5. durfte, musste; 6. müssen, dürfen (können); 7. soll; 8. möchtest; 9. kann, muss; 10. Wollt, soll; 11. können (dürfen), müssen; 12. braucht

54.

A: kann; *St:* soll (möchte); *A:* wollen, dürfen (sollten), kann (könnte); *St:* soll; *A:* sollen; *St:* muss (soll); *A:* müssen – muss (will), müssen; *St:* kann (werde)

55.
möchte; konnte; musste; wollte; musste; musste; konnte; müssen; können (dürfen); konnte; musste; muss (will); Darf; Können (Könnten); muss; soll

56.
2. Nein, ich lasse meinen Text vom Lehrer korrigieren.
3. Nein, wir lassen unseren PC von einem Computerfachmann konfigurieren.
4. Nein, ich lasse meine Bewerbungen von einem deutschen Freund schreiben.
5. Ich lasse mich vom Arzt untersuchen.
7. Ja, er lässt sie ein Wörterbuch benutzen.
8. Ja, er lässt ihn ohne Kontrolle durchfahren.
10. Ja, er lässt sich mühelos übersetzen.
11. Ja, es lässt sich leicht transportieren.
12. Nein, sie ließen sich nicht vermeiden.

57.
Singular:
1. die Tasse, das Glas, ein Messer, eine Gabel, ein Löffel; mein Buch, ihr Kugelschreiber, seine Brille, euer Motorrad, Ihre Garage, kein Taxi, keine Auskunft.
2. die Ärztin, das Personal, den Engländer, einen Franzosen, eine Polin, ein Mädchen, jeden Schüler, jede Kollegin, diesen Bauern, keinen Menschen, unseren Assistenten, seine Nachbarin.
3. dem Polizisten, der Lehrerin, einem Türken, einer Französin, diesem Herrn, dieser Frau, keinem Kollegen, keiner Nachbarin, meinem Vater, seinem Patienten, unserem Nachbarn, eurem Großvater.
4. der Bürgermeisterin, des Ingenieurs, eines Amerikaners, eines Griechen, dieses Sportlers, dieser Sängerin, irgendeines Soldaten, eines Professors, ihres Nachbarn, eures Kunden, seines Sohns, eines Geologen, des Löwen!

Plural:
1. die Städte, die Dörfer, die Arbeiter, die Krankheiten, die Zeugnisse, die Staaten, die Studentinnen, die Sofas, die Polen, die Söhne, die Wände, die Mädchen, die Briefe, die Uhren, die Kleider, die Bauern, die Spanier, die Bücher, die Autoren
2. den Assistentinnen, den Technikern, allen Leuten, meinen Geschwistern, diesen Krankenschwestern, beiden Chefs, deinen Brüdern, seinen Kollegen, solchen Menschen, den Clowns, euren Gästen

58.
2. kein Geld; 3. Welches Fahrrad; 4. euer Haus; 5. Meine Bekannten; 6. ein Gemüse; 7. Diese Handschuhe; 8. einige Plätze
9. deine Familie; 10. Welchen Film; 11. keinen (keine *pl.*) Fehler; 12. unser Haus; 13. eure Tür; 14. alle Rechnungen; 15. einen Satz; 16. mehrere Zimmer
17. aus der Flasche; 18. ihren Kindern bei den Hausaufgaben; 19. dem Wald, keinem Menschen (= niemanden); 20. zwischen der Tür und dem Fenster; 21. Mit welchem (welchen *pl.*) Kollegen; 22. dieser Kälte, den Leuten, vor dem Kamin
23. meiner Freundin; 24. des (der *pl.*) Bauern; 25. Ende des Monats; 26. dieser Frau; 27. Ihres Vaters und die Ihrer Mutter; 28. Ihrer Eltern

59.
2. ihre; 3. deine; 4. ihr; 5. eure; 6. unsere; 7. meine; 8. Seine; 9. Ihr; 10. ihre; 11. seinem; 12. seinem, seiner, seinen (seinem); 13. ihre, ihr, ihre; 14. ihre, ihrem; 15. euren

60.
1. ihre, ihren, ihr; 2. Ihren, Ihre, Ihr; 3. mein, meine, meinen; 4. deiner, deines, deiner; 5. unserer, unseren, unserem; 6. seinem, seinen, seinem

61.
1. ihrer, ihren, ihre; 2. deine, deinem; 3. Ihre, Ihr; 4. seinen; 5. meines, meiner; 6. unsere, unseren; 7. ihr, ihre, ihre; 8. eurer, euren (eurem); 9. sein, sein, seine

62.
2. Was für ein; 3. welcher; 4. Was für ein; 5. was für (welchen); 6. welche; 7. Was für ein (Welches); 8. welchen; 9. welchen (was für); 10. Welche

63.
2. Nein, ich habe keinen Hunger.
3. Nein, ich habe kein Geld bei mir.
4. Nein, sie hat keine Kinder.
5. Nein, ich habe letztes Jahr an keiner Prüfung teilgenommen.
6. Nein, er bekommt kein Stipendium.
7. Nein, sie hat kein Interesse an der Wohnung.
8. Nein, sie macht keine Fehler beim Schreiben.
9. Nein, ich habe keine Zigaretten im Gepäck.
10. Nein, sie ist keine Deutsche.

64.
1. das interessante; der neue; ein neuer; eine teure; die teure
2. einen warmen; den warmen; diese dunkle; keine dunkle; das japanische; kein japanisches
3. dem alten; meinem alten; der gemütlichen; meiner gemütlichen; dem neuen deutschen; meinem neuen deutschen
4. eines großen; des großen; einer gut gehenden; der gut gehenden, eines kleinen; dieses kleinen

65.
1. kühles, frische, heißer; 2. bittere, frisches, holländischen; 3. frischer, kaltem, starkem; 4. italienischen, griechischen, moderner Kunst

66.
1. süße, saftige, schöne, gelbe, besten; 2. grüne, junge, alten – neuen; 3. guten, lieben, verschiedenen; 4. tropischer, mexikanischer, schönsten afrikanischen

67.
neues; alte; steilen; ersten; rechte; linke; vordere; alten; neuen; eine; andere; dunkler; altersschwache; längere; großen; höchste; alten; neues; großen; nächsten; großen; neuen

68.
internationalen; zweiten; linker; vielen; lange; laute griechische; rechter; unruhiger; jede; voller; oberen und unteren; ruhige; dauernden; ruhiges; freundlichen; älteren; südlichen; alte; schöne; absolute

69.
1. deutsche, spanischen; 2. unfreundlicher, falsche; 3. kleines, teures, zentraler; 4. alter, neue; 5. alten, passende; 6. langer, interessantes; 7. klassische, kleine; 8. kaltes; 9. preiswerten, frisches; 10. alten, jüngeren; 11. frisches, gesalzener; 12. roten, weißer; 13. linker, altes; 14. späten, schwerer; 15. vollbesetzter, hoher; 16. Kleine, bunten; 17. guten; 18. interessanten, alter; 19. bulgarische; 20. deutschen, vergangenen; 21. türkischer, alten; 22. interessante, heutigen; 23. ausländischen, schwierige; 24. neue; 25. Zweite Deutsche, letzten, spannende englische

70.
2. -en; 3. -en; 4. -en; 5. -en, -en

71.
1. -er -er; 2. -e -e; 3. -e -en; 4. -e -en; 5. -e -e; 6. -er -en; 7. -e -en; 8. -en -en; 9. -e -e; 10. -e -en; 11. -e -e; 12. -e -en; 13. -e -en -e -e; 14. -e -e; 15. -ie -en -en -er -en; 16. -er -er; 17. -e -en; 18. -e; 19. -e -en; 20. -e -e -en -en

72.
2. ø -er -ie; 3. -em -en -en; 4. -e; 5. -e; 6. -e -en; 7. -en -en; 8. -en; 9. -en; 10. -e; 11. -e -e; 12. -ie -e; 13. -ie -e -en -es; 14. -em -en; 15. ø -es; 16. -ie -en; 17. -ie -e; 18. -e -en; 19. -ie -e; 20. -ie -e; 21. -ie -e; 22. -ie -e; 23. ø -er; 24. -e -e; 25. -ie -es -en; 26. -as -e; 27. -e -e -e; 28. -ie -em -en -es

73.
2. geöffnete; 3. verbotene; 4. gefundene; 5. gestohlenen; 6. gereinigte; 7. verlorenen; 8. angebotenen; 9. aufgepumpten; 10. abgewogenen; 11. verpackte; 12. geschlossenem

74.
2. Spielende; 3. tropfende; 4. passende; 5. entgegenkommende; 6. arbeitenden; 7. haltenden; 8. vorbeigehenden; 9. brennenden, fliehende; 10. fahrenden

75.
2. -e; 3. -e; 4. -es -es; 5. -e -e; 6. -en; 7. -er; 8. -en; 9. -er; 10. -en; 11. -er; 12. -en; 13. -e; 14. -e; 15. -en -e; 16. -en -e; 17. -er; 18. -e; 19. -en; 20. -en -e

76.
2. ebenso (genauso / so) fleißig wie; 3. ebenso (genauso / so) gut wie; 4. ebenso (genauso / so) hohes … wie; 5. ebenso (genauso / so) teuren … wie

77.
2. nicht so oft wie; 3. nicht so warm ist wie; 4. keinen so starken Kaffee wie; 5. keine so weiten Reisen wie

78.

2. Aber Monika hat einen teureren Rucksack.
3. Aber Monika hat modernere Möbel.
4. Aber Monika hat mehr Bilder an der Wand.
5. Aber Monika geht öfter ins Kino.

2. aber Paul ist am sportlichsten.
3. aber Paul kann am schnellsten schwimmen.
4. aber Paul hat die reichsten Eltern.
5. aber Paul kennt die meisten Leute.

2. am schnellsten
3. am weitesten
4. die größte
5. am heißesten
6. der längste
7. der älteste
8. den meisten

79.

2. Ich trinke gern Bier. Ich trinke lieber Wein als Bier. Ich trinke am liebsten Wasser.
3. Der Bleistift schreibt gut. Der Kugelschreiber schreibt besser als der Bleistift. Der Füller schreibt am besten.
4. Das Haus ist hoch. Der Kirchturm ist höher als das Haus. Der Fernsehturm ist am höchsten.
5. In Deutschland ist es kalt. In Finnland ist es kälter als in Deutschland. Am Nordpol ist es am kältesten.
6. Der Bahnhof ist nah. Die Schule ist näher als der Bahnhof. Der Stadtpark ist am nächsten.
7. In Freiburg regnet es viel. In Hamburg regnet es mehr als in Freiburg. In den Alpen regnet es am meisten.
8. Ein Model isst wenig. Ein Kind isst weniger als ein Model. Ein Baby isst am wenigsten.
9. Peter fährt ein schnelles Motorrad. Bruno fährt ein schnelleres Motorrad als Peter. Fritz fährt das schnellste Motorrad.
10. Der Student hat viele Bücher. Der Lehrer hat mehr Bücher als der Student. Prof. Koch hat die meisten Bücher.
11. Fatma kauf eine teure Kamera. Klara kauft eine teurere Kamera als Fatma. Petra kauft die teuerste Kamera.
12. Ich habe einen weiten Weg zur Arbeit. Du hast einen weiteren Weg zur Arbeit als ich. Unser Chef hat den weitesten Weg zur Arbeit.
13. Herr Kim hat eine große Wohnung und zahlt auch eine hohe Miete. Familie Schöder hat eine größere Wohnung [als Herr Kim] und zahlt auch eine höhere Miete als Herr Kim. Die Meiers haben die größte Wohnung und zahlen auch die höchste Miete.

80.
2. es; 3. sie; 4. er; 5. sie; 6. es; 7. ihn; 8. sie; 9. sie; 10. es; 11. ihr; 12. ihm; 13. ihm; 14. ihnen; 15. ihm; 16. ihn; 17. ihnen; 18. ihr; 19. sie; 20. sie

81.
2. sie ihr; 3. es ihm; 4. sie ihnem; 5. es mir; 6. sie uns; 7. es ihnen; 8. es ihm; 9. ihn ihnen; 10. es ihm; 11. sie ihr; 12. es Ihnen; 13. es ihm; 14. sie ihm; 15. ihn ihnen; 16. ihn sich

82.
2. Ja, ich bin in sie verliebt.
3. Nein, ich ärgere mich nicht darüber.
4. Ja, ich wundere mich darüber.
5. Nein, ich warte nicht auf sie.
6. Ja, ich zweifle daran.
7. Ja, ich habe mich dafür bedankt.
8. Doch, ich habe nach ihm gefragt.
9. Nein, ich arbeite nicht dafür.
10. Ja, ich habe mit ihr darüber gesprochen.

83.
2. Wovon lebst du?
3. Worauf freust du dich?
4. Von wem bist du noch abhängig?
5. Auf wen bist du stolz?
6. Wovon träumt er?
7. An wen schreibt sie?
8. Worauf verzichten sie?
9. Bei wem ist er beliebt?

84.
2. Woher kommen die Bananen?
3. Woran denken die Schüler immer?
4. Seit wann ist Mustafa in Deutschland?
5. Warum (weshalb, weswegen, aus welchem Grund) muss das Konzert ausfallen?
6. Mit welcher Hand schreibt sie?
7. Wer kommt morgen?
8. Wie viele Brüder hat Eva?
9. Für wen ist dieses Geschenk?
10. Was [Wie viel Euro] hat der Gebrauchtwagen gekostet?
11. Wie oft hast du deine Großeltern im letzten Jahr besucht?
12. Worüber haben sich alle gefreut?
13. Wie spricht Herr Kokavecz Deutsch?
14. Bis wann dauert der Unterricht?
15. Was für eine Krawatte hat sich Peter gekauft?
16. Wem gehört dieses Fahrrad?
17. Was muss gereinigt werden?
18. Wie hoch ist der Fernsehturm?

85.
2. ein(e)s; 3. eine; 4. einen; 5. welche; 6. ein(e)s; 7. einer

86.
2. keinen; 3. keine; 4. kein(e)s; 5. keine; 6. kein(e)s; 7. keine

87.
2. ihr(e)s; 3. meine; 4. ihr(e)s; 5. ihrer; 6. mein(e)s; 7. eurer

88.
1. -as; 2. -er; 3. -er -em; 4. -er -er; 5. -em (-en), -en; 6. -er; 7. -er; 8. -ie; 9. -ie; 10. -as; 11. -ie; 12. -es -es; 13. -em; 14. -en -n; 15. es -s; 16. -em -n; 17. -en; 18. -es -s; 19. -er; 20. -en; 21. -ie; 22. -er; 23. -em; 24. -en -er; 25. -as; 26. -es -ses; 27. -em; 28. -as; 29. -en; 30. -en

89.
2. im; 3. nach; 4. seit; 5. am; 6. um (gegen); 7. vor; 8. Vor (Während / In / Bei); 9. in; 10. Seit; 11. ab; 12. bis zum (bis); 13. in; 14. Seit (Nach)

90.
1. Vor 7 Monaten ist Frau Kim aus Korea nach Deutschland gekommen. Seit einem halben Jahr wohnt sie jetzt in Münster. Zuerst hat sie Deutsch gelernt. Am Morgen ging sie ins (zum) Sprachenzentrum der Universität. Um 8:15 Uhr begann der Unterricht und dauerte bis 13:30 Uhr. Zwischen 13:30 und 14 Uhr gab es eine Mittagspause. Am Nachmittag fand der Unterricht von 14 Uhr bis 15.30 Uhr statt. Nur am Mittwoch gab es nachmittags keinen Unterricht. Nach dem Unterricht ging sie nach Hause und machte für die (in den) nächsten Stunden ihre Hausaufgaben. Nach so viel Arbeit hat sie vor einem Monat die Sprachprüfung bestanden.
   Seit einem Monat arbeitet sie nun für ihr Fachstudium. In einem Jahr will sie in den (während der) Sommerferien nach Korea fliegen, um ihre Familie zu besuchen.
2. Wegen der hohen Mietpreise können sich nur noch reiche Leute eine Wohnung im Zentrum der Stadt leisten. Die Mieten liegen dort weit über dem Durchschnitt. Außerhalb der Stadtmitte sind die Wohnungen natürlich billiger.
   Aber trotz der hohen Mieten gibt es genügend Leute, die ins Stadtzentrum ziehen möchten. In der Innenstadt dürfen seit drei Jahren außer Bussen und Taxis keine Autos mehr fahren. Die Leute müssen also statt ihres Autos öffentliche Verkehrsmittel oder ein Fahrrad benutzen, wenn sie nicht zu Fuß gehen wollen.
   Wer in der Nähe des Bahnhofs wohnt, kann in kurzer Zeit den Bahnhof erreichen und dann mit dem Zug in andere Städte fahren.
   Ich selbst habe für eine kurze Zeit in der Stadt gewohnt, und zwar direkt neben (hinter, gegenüber ...) einer Kirche. Die Kirchturmuhr schlug jede volle Stunde, sodass ich in (während) der Nacht niemals ruhig schlafen konnte. Wegen des Lärms bin ich sehr schnell aus dieser Wohnung ausgezogen. Ich wohne jetzt auf dem Land.

91.
2. dauert; 3. ist; 4. bleiben; 5. fehlen; 6. kommt; 7. sitzt; 8. gehen; 9. kommt; 10. schmeckt; 11. darf; 12. sind; 13. soll; 14. ist; 15. ist; 16. Soll; 17. liebt 18. lernt; 19. fahren; 20. können

92.

2. Ich brauche keinen Wecker.
3. Immer werde ich von selbst wach.
4. Zuerst gehe ich ins Badezimmer.
5. Dort wasche ich mich.
6. Danach putze ich mir die Zähne.
7. Dann kämme ich mich.
8. Danach ziehe ich mich an.
9. Jetzt gehe ich in die Küche.
10. Dort bereite ich das Frühstück vor.
11. Meistens esse ich Brötchen mit Butter und Marmelade.
12. Dazu trinke ich Kaffee oder Tee.
13. Nach dem Frühstück verlasse ich das Haus.
14. Ich gehe zum Bahnhof.
15. Um 7:10 Uhr fährt mein Zug nach Bonn.
16. Während der Fahrt lese ich die Zeitung.
17. Endlich kommt der Zug in Bonn an.
18. Vom Bahnhof zur Universität gehe ich nun zu Fuß.
19. Kurz vor 8 Uhr bin ich im Kursraum.
20. Jetzt kann der Unterricht beginnen.

93.

2. Deshalb verzichteten wir auf das Frühstück.
3. Meistens schliefen unsere beiden Kinder noch länger als wir.
4. Gegen 12 Uhr gab es ein gutes Essen für die ganze Familie.
5. Danach machten mein Mann und ich eine Fahrradtour.
6. Nur sehr selten fuhren unsere Kinder mit.
7. Meistens waren sie mit Freunden verabredet.
8. Am Nachmittag besuchten wir oft meine Eltern.
9. Zum Kaffee gab es dort selbstgebackenen Kuchen.
10. Auf dem Sportplatz in unserer Nähe fand manchmal ein Fußballspiel statt.
11. Dorthin gingen viele Leute.
12. Abends aßen wir nur Brot mit Wurst und Käse.
13. Dazu tranken wir meistens Tee.
14. Am Sonntagabend gingen wir gerne ins Theater oder ins Kino.
15. So verbrachten wir unseren Sonntag.

94.

2. dass dort eine Griechin auszieht?
3. dass ich Anfang Oktober einziehen kann?
4. dass das Zimmer im 3. Stock liegt?
5. dass es eine Etagen-Küche für zwölf Leute gibt?
6. dass Flur und Treppe einmal in der Woche geputzt werden?
7. dass die Miete im Voraus gezahlt werden muss?
8. dass es vom Studentenheim zum Stadtzentrum ca. 3 km sind?
9. dass ich ab Januar an einem Sprachkurs teilnehme?
10. wo der Kurs stattfindet.
11. ob der Sprachkurs ein Intensivkurs ist.

12. ob es eine Anwesenheitspflicht gibt.
13. ob man einen Einstufungstest machen muss.
14. wie hoch die Kursgebühren sind.
15. ob es möglich ist, den Kurs zu wiederholen.

95.

2. die Post; 3. Herr Marx; 4. Unfälle; 5. Dieser schöne alte Schrank; 6. Peter; 7. alles; 8. Ich; 9. man; 10. der Minister und seine Begleitung

96.

2. Herr Meier hat einen Kuchen gebacken.
3. Mein Bruder hat ein Haus gebaut.
4. Die Direktorin hat den Kollegen begrüßt.
5. Peter hat seinen Onkel besucht.
6. Hast du die Rechnung bezahlt?
7. Die Schülerin hat den Satz des Pythagoras bewiesen.
8. Ich habe viel Geld gebraucht.
9. Die Kinder haben Brötchen gegessen.
10. Eva hat den Schlüssel gefunden.
11. Der Tourist hat den Polizisten nach dem Weg gefragt.
12. Es hat in Florida wieder einen Sturm gegeben.
13. Wir haben Glück gehabt.
14. Habt ihr euer Fahrrad aus dem Keller geholt?
15. Goethe hat die Eisenbahn noch nicht gekannt.
16. Wo hast du deinen Mann kennengelernt?
17. Katja hat Suppe gekocht.
18. Ich habe den Roman gelesen.
19. Der Patient hat das Medikament genommen.
20. Herr Meier hat die Haustür geöffnet.
21. Hast du das Fenster geschlossen?
22. Wir haben den Film gesehen.
23. Frau Müller hat ein Glas Wein getrunken.
24. Die Studenten haben den Text übersetzt.
25. Die Ärztin hat den Patienten untersucht.
26. Der Lehrer hat den Namen der Schülerin vergessen.
27. Ich habe die Regel verstanden.
28. Eva hat die Prüfung wiederholt.

97.

zum Beispiel:
Mein Freund hat mir das Buch mitgebracht.
Er hat mir einen Brief diktiert.
Wir haben dem Touristen das Schlosshotel empfohlen.
Der Arzt hat dem Patienten das Aufstehen erlaubt.
Ich gebe dir nun das Buch.
Sie leiht sich ein Buch.
Er hat mir dies schon mitgeteilt.
Er schenkt ihr ständig Blumen.

Die Ärztin hat der Patientin das Rauchen verboten.
Sie hat mir ein interessantes Buch versprochen.
Die Mutter liest dem Kind ein Märchen vor.
Ein Junge hat einem Mädchen die Puppe weggenommen.
Er hat mir die Stadt gezeigt.

98.

2. -er -as; 3. -em -e; 4. -en; 5. -er -e; 6. -en; 7. -em (-en) -as; 8. -e; 9. -en -n -e; 10. -as; 11. -en (-em) -en -en; 12. -em; 13. -e; 14. -en -e; 15. -en -n; 16. -en; 17. -en -n; 18. -en -e; 19. -em -en; 20. -ie -e; 21. -er -ø; 22. -en -n; 23. -en; 24. -ie; 25. -em

99.

2. -er; Das Auto stand auf der Straße. Das Auto hat auf der Straße gestanden.
3. -er; Die Kinder saßen auf einer Bank. Die Kinder haben auf einer Bank gesessen.
4. -em; Das Handtuch hing neben dem Waschbecken. Das Handtuch hat neben dem Waschbecken gehangen (gehängt).
5. -er; Die Scheckkarte steckte in der Brieftasche. Die Scheckkarte hat in der Brieftasche gesteckt.
6. -as; Ich legte den Kugelschreiber neben das Buch. Ich habe den Kugelschreiber neben das Buch gelegt.
7. -as; Ich stellte die Bücher in das Regal. Ich habe die Bücher in das Regal gestellt.
8. -ø; Sie setzte sich in ihr Auto. Sie hat sich in ihr Auto gesetzt.
9. -en; Er hängte seinen Mantel an den Haken. Er hat seinen Mantel an den Haken gehängt.
10. -e; Sie steckte den Schlüssel in ihre Tasche. Sie hat den Schlüssel in ihre Tasche gesteckt.

100.

1. in die, zum, zu -em, ins, in die (zur), nach; 2. nach, in die, in -e, nach, in die, in die; 3. auf -em; 4. auf -as; 5. in; 6. ins; 7. in -er; 8. im, in der; 9. auf die; 10. bei -er; 11. das, auf den; 12. die, an (auf) die; 13. den, in die; 14. den, in die; 15. den, ins; 16. das, in die; 17. auf die

101.

2. gesessen; 3. gelegt; 4. gepackt; 5. gehängt; 6. gelegen; 7. gestanden; 8. gestellt; 9. gesetzt; 10. gehangen (gehängt)

102.

2. Kein, die, dieses Professors; 3. Der, seinen Assistenten (seine Assistenten) um einen; 4. Dem (Den) Studenten; die, des Textes; 5. deinen Gästen, keinen; 6. Das, der, eine Mensa; 7. Welche, das Auto des (der) Polizisten; 8. meinem, seiner, der; 9. Dieses, der, eines Diplomaten; 10. Welchem Studenten, mein; 11. ihren, den, einen; 12. den Türken aus dem A-Kurs, einen Iraner; 13. Welcher, diesem Patienten solche; 14. ihrer, ein Pferd; 15. In der, keinen Menschen auf der; 16. Der, das Geld auf der; 17. Die Namen aller, auf dieser; 18. diesem, einen Affen mit einer, in der Hand

103.

Eine Dame ... einen Papagei ... ein Zoogeschäft ... der Papagei ... der Verkäufer ... Der Dame ... der Preis ... einen anderen ... den Mann ... dem Preis ... die Antwort ... der ... die Kundin ... der Verkäufer ... der Dame ... einer Ecke ... einen Papagei; dieses Tier ... die Kundin ... die Frau ... dieser Vogel ... Welche Sprachen ... die anderen ... die Auskunft des Verkäufers

104.

1. auf -ie; 2. für -as -e; 3. an; 4. gegen -en; 5. für -e; 6. auf -en; 7. an -e; 8. bei -em über -as -e; 9. für -ie -e; 10. an -ø -es; 11. bei für -e; 12. an -e -e; 13. gegen -ie; 14. für -e; 15. bei -em (-en -n) für -ø -es; 16. an -er; 17. auf -e 18. an; 19. an -em; 20. an -er; 21. aus; 22. für -e -en; 23. auf -e; 24. an -n; 25. auf -as; 26. auf -e; 27. an -ie; 28. an -em -en

105.

1. über -en; 2. vor -er; 3. zu -er; 4. mit -er; 5. nach -en -n; 6. vor -er -en; 7. mit -er über -e; 8. mit -en -n; 9. mit -en über -ie; 10. vor -n; 11. mit -em; 12. Über -e; 13. vor -n; 14. von -en -n; 15. um -e -e; 16. über; 17. mit -er; 18. über -e; 19. zu -em -en; 20. mit -er; 21. von -er; 22. über -en (-ie) -en; 23. über -en; 24. um -e -e; 25. zu -er; 26. mit -er; 27. von -em; 28. über -e (von -er)

106.

1. für -e; 2. ø mit -n; 3. auf -en -en; 4. über -ie -en; 5. zu -er; 6. unter -em -en; 7. um -e; 8. über -ø; 9. mit -em -en; 10. in -er; 11. mit -er; 12. um -e; 13. von -en -n; 14. um -en; 15. auf -en; 16. auf -e -en; 17. auf; 18. gegen -ie -en; 19. um -ø -es; 20. auf -ie (-as); 21. auf, -ø; 22. für -ie; 23. um -en; 24. nach -er; 25. gegen -ie -e; 26. an -en -en; 27. über; 28. An -en

107.

1. mit -er; 2. auf -en; 3. ø -en (-em); 4. bei -en -n; 5. vom; 6. ø; 7. ø -en -en; 8. auf -en; 9. von; 10. an; 11. um -en; 12. ø -en -n für -e; 13. von -en; 14. über -ie -en; 15. ø -ir; 16. an -er; 17. mit -en -n; 18. ø -en -en; 19. von; 20. zum; 21. ø -er -en; 22. über -ie -e; 23. mit -er -en; 24. auf -e -en; 25. für -e

108.

1. ø; 2. an; 3. für -ie; 4. mit-; 5. zu -em; 6. ø -ir; 7. für -ie; 8. zum; 9. über -ie -en; 10. ø -er; 11. für -ie (-en); 12. zu; 13. für; 14. ø -ø; 15. über -as -e; 16. an -er; 17. über -en; 18. ø -er -en; 19. mit -n; 20. zu -er; 21. mit -em; 22. ø -er; 23. über -e -e; 24. auf -en; 25. zu -er

109.

2. Sie schreibt, dass ich sie vom Bahnhof abholen soll.
3. Sie schreibt, dass sie mit mir die Stadt besichtigen möchte.
4. Sie schreibt, dass sie mir ein interessantes Buch mitbringt.
5. Sie schreibt, dass sie nur etwa sechs Stunden in Bremen bleiben kann.
6. Sie schreibt, dass sie am Abend wieder zurückfährt.
7. Er weiß, dass er nur gute Ware einkaufen darf.
8. Er weiß, dass das Obst vorsichtig transportiert werden muss.
9. Er weiß, dass die Kunden freundlich bedient werden wollen.
10. Er weiß, dass er seine Ware nicht zu teuer verkaufen darf.
11. Er weiß, dass Obst und Gemüse schnell verkauft werden müssen.
12. Er weiß, dass er alte Ware nicht mehr los wird.

110.

2. Es tut mir leid, dass er das Semester wiederholen muss.
3. Es tut mir leid, dass er die geplante Reise nicht machen kann.
4. Es tut mir leid, dass seine Hoffnung enttäuscht wurde.
5. Dass du so oft in die Kneipe gehst, ist nicht schön.
6. Dass du mir nie Blumen mitbringst, ist nicht schön.
7. Dass du mir nicht beim Spülen hilfst, ist nicht schön.
8. Dass du dir meine Sorgen nicht anhörst, ist nicht schön.
9. Mich freut, dass der Frühling kommt.
10. Mich freut, dass das kalte und feuchte Wetter vorbei ist.
11. Mich freut, dass wir bald wieder draußen sitzen können.
12. Mich freut, dass die Vögel bald wieder singen.

111.

2. Ich muss damit rechnen, dass mein Vermieter mir die Wohnung kündigt.
3. Sie ist davon überzeugt, dass sie sich richtig entschieden hat.
4. Er kann sich darauf verlassen, dass seine Freundin ihm helfen wird.
5. Man muss darauf achten, dass alle Türen abends geschlossen werden.
6. Sie tritt dafür ein, dass die Steuern gesenkt werden.
7. Sie müssen sich in Husum daran gewöhnen, dass man sich zu jeder Tageszeit mit „Moin-Moin" begrüßt.
8. Sie müssen sich außerdem daran gewöhnen, dass viele Leute nur Plattdeutsch sprechen.
9. Er wundert sich darüber, dass es so viele Hunde auf der Straße gibt.
10. Er wundert sich auch darüber, dass die Züge der Deutschen Bahn oft nicht pünktlich ankommen.
11. Sie sind stolz darauf, dass ihr Sohn die Prüfung bestanden hat.
12. Sie sind außerdem stolz darauf, dass ihre Tocher ihr Medizinstudium erfolgreich beendet hat.

112.

2. … , sofort mit dem Fachstudium zu beginnen.
3. …. , einen Sprachkurs zu besuchen.
4. … , vorher einen Einstufungstest zu machen.
5. … , ein Zimmer zu finden.
6. … , in eine WG zu ziehen.
7. … , ein Zimmer in einem Studentheim zu suchen.
8. … , eine Krankenversicherung abzuschließen.
9. … , mir die Stadt anzusehen.
10. … , deutsche Studenten kennenzulernen.
11. … , ein Stipendium zu bekommen.
12. … , später einmal meinen Studienort zu wechseln.

113.

2. Ich weiß nicht, wann der Zug in Hamburg abgefahren ist.
3. Wir wissen auch nicht, ob dieser Zug nach Dortmund weiterfährt.
4. Ich habe keine Ahnung, wie viele Wagen der Zug aus Hamburg hat.
5. Niemand kann mir sagen, ob es auch Schlafwagen gibt.

6. Mir ist nicht bekannt, ob der Zug einen Speisewagen hat.
8. Ich weiß noch nicht, wie die neue Adresse meines Bruders ist. (… lautet. / … welche Adresse mein Bruder jetzt hat.)
9. Ich weiß nicht mehr, an welchem Tag (wann) meine Schwiegermutter geboren ist.
10. Ich weiß nicht, warum mein Freund fehlt.
11. Ich weiß nicht, wie die Telefonnummer meines Arztes ist. (… lautet. / … welche Telefonnummer mein Arzt hat.)

114.

2. Modalangabe; 3. Finalangabe; 4. Lokalangabe; 5. Temporalangabe; 6. Konditionalangabe, Modalangabe; 7. Temporalangabe, Finalangabe

115.

2. Wenn das Wetter gut ist, machen wir einen Spaziergang.
3. Ich fahre in die Stadt, um einzukaufen.
4. Weil Petra Kopfschmerzen hat, geht sie zum Arzt.
5. Bis der Zug abfährt, sind es noch fünf Minuten.

116.

2. Als Frau Klein heiratete, haben wir ihr gratuliert.
3. Wenn der Papst nach Amerika reiste, brauchte er nie einen Dolmetscher.
4. Als ich aus dem Zug stieg, sah ich sofort meine Freundin.
5. Wenn es dunkel ist, müssen wir das Licht anmachen.
6. Wenn meine Großmutter ihren Geburtstag feierte, lud sie immer viele Gäste ein.
7. Als sie zum ersten Mal ins Ausland fuhr, war sie achtzehn Jahre alt.
8. Wenn mein Vater längere Geschäftsreisen machte, war meine Mutter immer unruhig.
9. Wenn die Blätter von den Bäumen fallen, kommt der Herbst.

117.

1. Als; 2. Wenn; 3. Als; 4. Wenn; 5. Als; 6. als; 7. wenn; 8. Wenn; 9. als; 10. Wenn

118.

2. Meine Mutter hat mich auf den Arm genommen, wenn ich als Baby schrie.
3. Herr Singh konnte kein Wort Deutsch, als er aus Indien nach Deutschland kam.
4. Wenn ich eine Prüfung machen muss, bin ich immer sehr aufgeregt.
5. Als ich meine zukünftigen Schwiegereltern besuchte, war ich sehr aufgeregt.
6. Wenn früher jemand nach Amerika reisen wollte, brauchte er mehrere Wochen.
7. Als wir mit dem Zug in München ankamen, regnete es in Strömen.
8. Die Sportlerin verletzte sich, als sie trainierte.
9. Wenn mein Großvater die Zeitung las, rauchte er gerne seine Pfeife.
10. Der Zug hatte schon eine Verspätung von zwanzig Minuten, als er abfuhr.
11. Gestern bin ich gegen eine Mauer gestoßen, als ich rückwärts fuhr.
12. Ich möchte nicht gestört werden, wenn ich mit der Kundin spreche.

119.

2. Während sie noch isst, liest er schon die Zeitung.
3. Während er den Tisch abräumt, telefoniert sie mit ihrer Freundin.
4. Während wir auf den Bus warteten, begann es zu regnen.

5. Während sich der Zug dem Bahnhof näherte, machten sich die Leute zum Aussteigen fertig.
6. Während wir uns unterhielten, spielten die Kinder Monopoly.

120.

1. Während viele Leute heute zweimal im Jahr Urlaub machen, kannten ihre Großeltern überhaupt keinen Urlaub.
2. Während es im Harz noch schneit, blühen in Freiburg schon die Krokusse.
3. Während alle meine Geschwister Rechtshänder sind, bin ich Linkshänder.
4. Während meine Schwester in einer Großstadt lebt, lebe ich auf dem Lande.
5. Während Polen früher ein reines Agrarland war, gibt es heute dort viel Industrie.

121.

2. Nachdem Lisa aufgestanden ist, geht sie ins Badezimmer.
3. Nachdem ich die Haustür aufgeschlossen habe, sehe ich in den Briefkasten.
4. Nachdem sie gearbeitet hatten, gingen sie ins Kino.
5. Nachdem der Zug zum Stehen gekommen war, öffneten sich die Türen.
6. Nachdem wir uns informiert hatten, haben wir den Bus Nr. 8 genommen.
7. Nachdem ich gearbeitet habe, ruhe ich mich aus.
8. Nachdem ich die Spachprüfung bestanden habe, werde ich mit dem Fachstudium beginnen.
9. Nachdem er von der Reise zurückgekehrt war, hat er als Erstes seine Freundin besucht.
10. Nachdem Eva das Gymnasium beendet hatte, machte sie eine Berufsausbildung.
11. Nachdem ich mein Fahrrad repariert habe, fahre ich wieder mit dem Rad zur Uni.
12. Nachdem er geduscht hatte, fühlte er sich wohler.

122.

2. Bevor wir nach Hamburg fuhren, kauften wir eine Fahrkarte.
3. Bevor man sich ein Haus kaufen kann, muss man viel Geld sparen.
4. Bevor sie sich zur Prüfung meldeten, machten sie einen Sprachkurs.
5. Bevor das Konzert beginnt, stimmen die Musiker ihre Instrumente.

123.

2. Seitdem sie nach Deutschland gekommen ist, lernt sie Deutsch.
3. Seitdem er verheiratet ist, ist er sehr glücklich.
4. Seitdem wir in unsere neue Wohnung eingezogen sind, schlafen wir besser.
5. Seitdem die Straße gesperrt (worden) ist, ist es bei uns ruhiger geworden.

124.

2. Bevor man in die USA einreist, muss man sich ein Visum besorgen.
3. Während Frau Berger in der Küche arbeitet, liegt Herr Berger auf dem Sofa.
4. Während das Orchester spielt, schweigen die Zuhörer.
5. Nachdem ich in München angekommen war, besuchte ich meine Verwandten.
6. Vergiss nicht, das Licht auszumachen, bevor du aus dem Haus gehst!
7. Während der kranke Vater schläft, müssen die Kinder ruhig sein.
8. Nachdem wir gegessen hatten, gingen wir spazieren.
9. Bevor der Zug hält, darf niemand aussteigen.

10. Nachdem du deine Arbeit gemacht hast, gehen wir ins Kino.
11. Bevor ich eine Auslandsreise mache, informiere ich mich über das Land.
12. Nachdem Kostas sein Studium abgeschlossen hat, kehrt er nach Griechenland zurück.
13. Bevor der Mann den Bahnhof erreichte, fuhr der Zug ab.
14. Während Petra ihre Diplomarbeit schrieb, hatte sie keine Zeit zum Tennisspielen.
15. Nachdem die Reporter lange gewartet hatten, erschien der Minister endlich im Presseclub.

125.

1. Sie hat mich oft angerufen, bis sie mich erreicht hat.
2. Bis ich ein eigenes Zimmer finde, wohne ich bei einem Freund.
3. Bis die Ferien beginnen, müssen wir noch viel lernen.
4. Ich bleibe in Innsbruck, bis ich mein Studium abgeschlossen habe.

126.

1. Solange es regnet, können wir nicht spazieren gehen.
2. Kaufen Sie doch Äpfel, solange sie noch so billig sind!
3. Solange man tankt, darf man nicht rauchen.
4. Solange es kalt ist, muss man warme Kleidung tragen.

127.

1. Ich schreibe dir einen langen Brief, sobald ich Zeit habe.
2. Ich komme zu dir, sobald ich mit der Arbeit fertig bin.
3. Sobald der Unterricht zu Ende ist, gehen wir in die Mensa.
4. Sobald man den Schalter berührt (Sobald der Schalter berührt wird), geht das Licht an.

128.

2. Während die Prüfung stattfand, durften die Studierenden nicht telefonieren.
3. Nachdem er aufgestanden ist, macht er sofort den Fernseher an.
4. Bevor man die Straße überquert, muss man nach links und rechts schauen.
5. Als die beiden Züge zusammenstießen, gab es viele Verletzte.
6. Nachdem die Touristen die Altstadt besichtigt hatten, gingen sie ins Museum.
7. Als der Krieg begann, lebten meine Großeltern noch.
8. Wenn ich früher im Meer gebadet habe, habe ich immer Angst vor den Fischen gehabt.
9. Seitdem wir uns vor drei Jahren getroffen hatten (haben), sind wir uns nie wieder begegnet.
10. Bis die Erdbebenopfer gerettet wurden, vergingen drei Tage.
11. Wenn ich in England Auto fahre, habe ich Probleme mit dem Linksverkehr.
12. Während wir spazieren gingen, bereitete Frau Behrens das Abendessen vor.
13. Nachdem Herr Behrens gegessen hat, schläft er eine halbe Stunde.
14. Bevor man ein Haus kauft, muss man sich über die Kreditzinsen informieren.
15. Meine Großmutter musste eine Brille tragen, wenn sie Zeitung las.
16. Sobald das Lösegeld gezahlt worden war, wurde die Geisel freigelassen.

129.

2. Inge geht zur Bibliothek, weil sie Bücher zurückgeben muss.
   Da Inge Bücher zurückgeben muss, geht sie zur Bibliothek.
3. Wir gehen heute Abend nicht ins Konzert, weil wir müde sind.
   Da wir müde sind, gehen wir heute Abend nicht ins Konzert.
4. Ich kaufe die Lederjacke nicht, weil sie zu teuer ist.
   Da die Lederjacke zu teuer ist, kaufe ich sie nicht.
5. Sie isst nichts, weil sie keinen Hunger hat.
   Da sie keinen Hunger hat, isst sie nichts.
6. Ich kann den Fahrplan nicht lesen, weil ich meine Brille vergessen habe.
   Da ich meine Brille vergessen habe, kann ich den Fahrplan nicht lesen.
7. Wir gehen in die Mensa, weil wir zu Mittag essen wollen.
   Da wir zu Mittag essen wollen, gehen wir in die Mensa.

130.

2. Kostas ist traurig, weil er die Prüfung nicht bestanden hat.
3. Ich bin nicht gekommen, weil ich krank war.
4. Carmen isst nicht in der Mensa, weil ihr das Essen nicht schmeckt.
5. Sie hatte einen Unfall, weil sie zu schnell gefahren war.
6. Aziz studiert in Berlin, weil er dort bei seinem Onkel wohnen kann.
7. Ich bin morgens immer müde, weil ich zu spät schlafen gehe.
8. Er hat die Prüfung nicht geschafft, weil er nicht genug getan hat.
9. Meiers können keine Reise machen, weil Herr Meier arbeitslos ist.
10. Die Straße ist gesperrt, weil es einen Unfall gegeben hat.

131.

1. Das Fußballspiel findet nicht statt, weil das Wetter schlecht ist.
2. Weil der Zug Verspätung hatte, konnte ich nicht rechtzeitig da sein.
3. Weil sie sehr alt ist, kann sie die Reise nicht machen.
4. Herr Schmidt musste zu Hause bleiben, weil er krank war.
5. Weil die Kinder Angst vor dem Hund hatten, wollten sie den Garten nicht betreten.
6. Weil es schneite, kam er Zug verspätet in Zürich an.
7. Weil es lange trocken war, wuchs das Korn schlecht.
8. Weil der Bus eine Panne hatte, blieb er auf der Kreuzung stehen.
9. Sie hat ihren Mann umgebracht, weil sie eifersüchtig war.

132.

2. Meine Eltern haben mir Geld geschickt, damit ich mir einen Computer kaufe (kaufen kann).
3. Der Kellner ging in die Küche, um mir das Essen zu holen.
4. Ich habe Petra eine SMS geschrieben, damit sie mir meine Bücher mitbringt.
5. Richard geht zu Herrn Müller, um ihm zum Geburtstag zu gratulieren.
6. Hast du dich mit Inge verabredet, um dir mit ihr einen Film anzusehen?
7. Ich möchte dich zu meinem Bruder mitnehmen, damit du ihn kennenlernst.
8. Eine Studentin geht zum Bürgeramt, um sich dort anzumelden.

133.

1. Ich gehe zur Bank, um meine Kontoauszüge auszudrucken.
2. Wir schalten das Fernsehgerät ein, um uns das Fußballspiel anzusehen.
3. Ich öle die Tür, damit sie nicht mehr quietscht.
4. Der Dieb hat sich versteckt, damit die Polizei ihn nicht findet.
5. Wir haben die Fenster geöffnet, damit frische Luft hereinkommt.
6. Ich fahre morgen in die Stadt, um mir Schuhe zu kaufen.
7. Sie verlässt das Haus sehr früh, um den Zug nicht zu verpassen.
8. Die Mutter zieht ihre Kinder warm an, damit sie sich nicht erkälten.
9. Der Schauspieler trägt eine dunkle Sonnenbrille, um nicht erkannt zu werden.
10. Ich habe meinen Freund angerufen, um mit ihm essen zu gehen.
11. Ich besuche einen Sprachkurs, um meine Sprachkenntnisse zu verbessern.
12. Der Student gab seiner Professorin die Arbeit, damit sie sie korrigiert (korrigierte).
13. Die Studenten des Kurses wollen eine Party feiern, um sich besser kennenzulernen.
14. Du brauchst keinen Taschenrechner, um diese Aufgabe zu lösen!
15. Der Juwelier hat eine Alarmanlage einbauen lassen, um sich vor Einbrechern zu schützen.
16. Nachdem ein Atom-Unfall passiert war, hielt der Minister eine Rede, um die Bevölkerung zu beruhigen.

134.

2. Wenn man das Examen gemacht hat, muss man ausziehen.
   Hat man das Examen gemacht, dann muss man ausziehen.
3. Wenn man arbeiten möchte, muss man sich einen Arbeitsplatz suchen.
   Möchte man arbeiten, dann muss man sich einen Arbeitsplatz suchen.
4. Wenn die Mieten weiter steigen, kann ich mir keine große Wohnung mehr leisten.
   Steigen die Mieten weiter, dann kann ich mir keine große Wohnung mehr leisten.
5. Wenn Sie einen Kredit aufnehmen, müssen Sie Zinsen bezahlen.
   Nehmen Sie einen Kredit auf, dann müssen Sie Zinsen bezahlen.

135.

1. Wenn der Tank des Autos fast leer ist, muss man zum Tanken fahren.
2. Wenn die Gardinen schmutzig sind, müssen sie gewaschen werden.
3. Was müssen Sie tun, wenn Sie Ihren Pass verloren haben?
4. Wenn Sie die Miete nicht rechtzeitig bezahlen, wird Ihnen die Wohnung schnell gekündigt.
5. Wenn man krankenversichert ist, bezahlt die Versicherung den Arzt.
6. Wenn du nicht lange genug schläfst, bist du am nächsten Morgen nicht frisch.
7. Wenn das Radio zu laut spielt, können die Kinder nicht einschlafen.
8. Wenn du keinen Führerschein hast, darfst du kein Auto fahren.
9. Wenn der Student 180 Punkte erreicht hat, hat er die Prüfung bestanden.
10. Wenn die Sonne scheint, macht das Radfahren Spaß.
11. Wenn sie fleißig lernt, kann sie die Prüfung schaffen.
12. Wenn du gründlich suchst, wirst du deinen Schlüssel wiederfinden.
13. Wenn das Fenster geschlossen ist, kann ich nicht schlafen.
14. Wenn Komplikationen auftreten, muss der Arzt gerufen werden.
15. Wenn der Antrag gestellt wird, muss das Originalzeugnis vorgelegt werden.

136.

2. Aber wenn ich Geld hätte, würde ich verreisen.
3. Aber wenn sie mich einladen würde, würde ich sie besuchen.
4. Aber wenn der Mensch Flügel hätte, würde er wie ein Vogel fliegen.
5. Aber wenn ich ein Vöglein wäre, würde ich zu dir fliegen.
6. Aber wenn der Weg nicht so weit wäre, würden wir zu Fuß gehen.
7. Aber wenn ich meine Brille bei mir hätte, könnte ich den Brief lesen.
8. Aber wenn sie einen Führerschein hätte, dürfte sie Auto fahren.
9. Aber wenn ich Peters Telefonnummer wüsste, würde ich ihn anrufen.
10. Aber wenn die Menschen Engel wären, würde es Frieden auf der Erde geben.
11. Aber wenn mir meine Eltern kein Geld schicken würden, müsste ich jobben.
12. Aber wenn ich nicht arbeiten müsste, würde ich ins Kino gehen.
13. Aber wenn sie nicht verletzt wäre, würde sie Sport treiben.
14. Aber wenn sie ein Stipendium bekommen würde (bekäme), könnte sie in den USA studieren.
15. Aber wenn ich kein Fieber hätte, dürfte ich baden.

137.

2. Obwohl Eva mir ihren Besuch angekündigt hatte, kam sie nicht.
3. Obwohl wir gut trainiert hatten, haben wir das Fußballspiel nicht gewonnen.
4. Obwohl Müllers nicht viel Geld haben, leisten sie sich teure Urlaubsreisen.
5. Obwohl die zwei Freunde zum Bahnhof rannten, erreichten sie den Zug nicht mehr.
6. Obwohl Fatma stark erkältet war, besuchte sie den Deutschkurs.
7. Obwohl das Parken am Schloss verboten ist, parkt Herr Kohl dort.
8. Obwohl Katja immer sehr schnell spricht, verspricht sie sich nur selten.
9. Mein Fahrrad ist gestohlen worden, obwohl ich es abgeschlossen hatte.
10. Obwohl ich viel zu tun habe, komme ich mit euch ins Kino.

138.

1. Obwohl Ali schon seit drei Jahren in Deutschland lebt, spricht er immer noch schlecht Deutsch.
2. Obwohl ich mich gut auf die Prüfung vorbereitet hatte, habe ich sie nicht bestanden.
3. Obwohl Meiers eine kleine Wohnung haben, haben sie eine Verwandte bei sich aufgenommen.
4. Obwohl ich mich seit Langem um eine Teilzeitarbeit bemühe, habe ich immer noch keine gefunden.
5. Obwohl die Reise sehr lange gedauert hatte, waren die Kinder nicht müde.
6. Obwohl Herr Suhl seine Ferien seit vielen Jahren in Frankreich verbringt, spricht er immer noch kein Französisch.
7. Obwohl es schon genügend Straßen gibt, werden immer noch neue gebaut.
8. Obwohl die Zahl der Arbeitslosen immer weiter steigt, tut die Regierung wenig.
9. Obwohl es kalt war, ging die Frau ohne Mantel spazieren.
10. Obwohl ich lange gesucht habe, konnte ich meine Brille nicht wiederfinden.
11. Obwohl die Studenten protestierten, musste die Prüfung wiederholt werden.
12. Obwohl das Wetter schlecht ist, fahren wir zum Picknicken.
13. Obwohl die Preise hoch sind, gehen viele Leute in dieses Restaurant.
14. Obwohl das Personal aufmerksam war, wurde ein Notebook gestohlen.

139.

2. Markus hat Windpocken, sodass er nicht in die Schule gehen darf.
3. Petra hatte sich gut vorbereitet, sodass sie die Prüfung problemlos schaffen konnte. (Petra hatte sich so gut vorbereitet, dass sie die Prüfung problemlos schaffen konnte.)
4. Es war gestern sehr kalt, sodass wir nicht zum Schwimmen gehen konnten. (Es war gestern so kalt, dass wir nicht zum Schwimmen gehen konnten.)
5. Der Film war langweilig, sodass ich fast eingeschlafen bin. (Der Film war so langweilig, dass ich fast eingeschlafen bin.)
6. Die Miete ist erhöht worden, sodass wir ausziehen müssen.
7. Die Kanäle sind zugefroren, sodass der Schiffsverkehr eingestellt werden muss.
8. Es hat lange nicht geregnet, sodass die Pflanzen vertrocknet sind. (Es hat so lange nicht geregnet, dass die Pflanzen vertrocknet sind.)
9. Sie hat sich sehr verändert, sodass ich sie nicht wiedererkannt habe. (Sie hat sich so verändert, dass ich sie nicht wiedererkannt habe.)
10. Das Tor wird jetzt geschlossen, sodass niemand mehr hereinkommen kann.
11. Sie hat ihr ganzes Geld ausgegeben, sodass sie einen Kredit aufnehmen muss.
12. Wissenschaftliche Fachliteratur ist sehr teuer, sodass sie nicht jeder kaufen kann. (Wissenschaftliche Fachliteratur ist so teuer, dass sie nicht jeder kaufen kann.)

140.

2. Man kann bei Regen trocken bleiben, indem man einen Regenschirm mitnimmt.
3. Zwei Deutsche begrüßen sich, indem sie sich die Hand geben.
4. Zwei Japaner begrüßen sich, indem sie sich tief verbeugen.
5. Man kann sein Fahrrad vor Dieben schützen, indem man es abschließt.
6. Motorradfahrer schützen sich vor Kopfverletzungen, indem sie einen Helm tragen.
7. Man kann eine schlechte Regierung loswerden, indem man die Opposition wählt.
8. Man kann einsamen Menschen eine Freude machen, indem man sie besucht.
9. Bakterien vermehren sich, indem sie sich teilen.
10. Man kann das Unfallrisiko vermindern, indem man sich vorsichtig verhält.

141.

2. Sie machte ein Praktikum, weil das eine Voraussetzung für ihr Studium war (ist).
3. Petra begann mit dem Studium, nachdem / als sie ihr Praktikum beendet hatte.
4. Sie studiert in Marburg, weil ihr Freund schon seit zwei Semestern dort ist.
5. Petra versucht einen Nebenjob zu finden, seit(dem) sie erfahren hat, dass sie kein Stipendium bekommen wird.
6. Sie versucht, einen Job zu finden, indem sie täglich bei der Jobvermittlung anruft.
7. Petra wohnt in einem Studentenheim, seit(dem) / als dort überraschend ein Zimmer frei wurde.
8. Sie geht in die UB, um dort für ihr Referat Literatur zu suchen. (Sie geht in die UB, weil sie dort Literatur für ihr Referat suchen will.)
9. Petra hat die Party so früh verlassen, weil ihr Freund sehr oft mit Tatjana getanzt hat.
10. Sie ist verärgert, weil sie nur seine Mailbox erreicht.
11. Petra trägt neuerdings Kontaktlinsen, weil sie besser aussehen möchte.
12. Sie will am Samstag allein in die Disco gehen, weil sie andere Leute kennenlernen will. (Sie will am Samstag allein in die Disco gehen, um andere Leute kennenzu-

lernen.)
13. Petra will in Marburg bleiben, bis sie ihr Examen macht.
14. Sie wird möglicherweise vorher die Univeristät wechseln, wenn es ihr nicht mehr gefällt.

142.
2. dass; 3. bis; 4. Wenn; 5. um zu; 6. indem; 7. Obwohl; 8. damit; 9. weil; 10. Als; 11. wenn (sobald); 12. sodass; 13. seitdem, (seit); 14. solange; 15. Weil, (Da); 16. Wenn; 17. Damit (Bevor); 18. damit; 19. sodass; 20. indem; 21. Als; 22. Obwohl; 23. Als (Während); 24. Solange

143.
1. Weil es stark regnete, mussten alle langsamer fahren.
2. Als ihre Tochter sich verabschiedete, waren die Eltern sehr traurig.
3. Obwohl er uns eingeladen hatte, haben wir ihn nicht besucht.
4. Seitdem die Grenze geöffnet wurde, kann man wieder ins Nachbarland reisen.
5. Bitte schließen Sie alle Fenster, bevor Sie das Büro verlassen!
6. Im Sommer stehe ich meistens auf, wenn die Sonne aufgeht.
7. Ich habe dem Bettler zwei Euro gegeben, weil ich Mitleid hatte.
8. Nachdem er seinen Pass vorgezeigt hatte, durfte er die Grenze passieren.
9. Während Frau Braun von München nach Sydney flog / geflogen ist, hat sie fast dauernd geschlafen.
10. Bis eine neue Schule gebaut wird, müssen die Kinder in die alte gehen.
11. Die Eltern bringen ihr Kind zum Arzt, damit es untersucht wird. (... um es untersuchen zu lassen.)
12. Petra erhielt ein Stipendium, weil sie gute Abiturnoten hatte.
13. Wenn man die Regeln genau beachtet, macht man wenig Fehler.
14. Ich lese jeden Tag die Zeitung, um meinen Wortschatz zu erweitern.
15. Wenn man die EC-Karte verloren hat (verliert), muss man die Nummer 116116 anrufen.
16. Man kann nur ein guter Klavierspieler werden, indem man fleißig übt.
17. Bevor man ein Formular ausfüllt, sollte man es in Ruhe durchlesen.

144.
weil, sodass, Solange, obwohl, bevor
weil, Nachdem, bis, Wenn
Als, weil, um, während
bevor
weil (da, seitdem), dass, Obwohl, weil, Wenn, um, bis

145.
2. aber; 3. denn; 4. aber (doch); 5. oder; 6. und; 7. denn; 8. oder; 9. denn; 10. aber

146.
1. sowohl ... als auch; 2. weder ... noch; 3. sowohl ... als auch; 4. entweder ... oder; 5. nicht nur ... sondern ... auch; 6. Entweder ... oder; 7. zwar ... aber; 8. Weder ... noch; 9. sowohl ... als auch; 10. weder ... noch

147.

2. Dann; 3. Trotzdem; 4. Hier; 5. Trotzdem; 6. So; 7. Von dort; 8. trotzdem; 9. Dann; 10. Deshalb; 11. Dort; 12. vorher; 13. Dorthin; 14. Dann (Danach); 15. Deshalb; 16. Dabei; 17. So; 18. Dafür; 19. Da; 20. Trotzdem

148.

2. Wir wollen nachmittags einen Freund besuchen, danach wollen wir abends bei mir essen.
3. Ich könnte in den Ferien eine Reise machen oder ich könnte zu Hause bleiben und arbeiten.
4. Ich habe bis kurz nach acht auf dich gewartet, dann bin ich nach Hause gegangen.
5. Herr Kim wollte einen Roman von Thomas Mann lesen, aber die Sprache war zu schwierig für ihn.
6. Petras Vater ist erkrankt, deswegen ist sie sofort nach Hause gefahren.
7. Ein Tourist hat den Dom besichtigt; außerdem hat er sich die Ausstellung im Museum angesehen.
8. Inge hat kein eigenes Zimmer, sondern sie wohnt bei einer Freundin.
9. Es ist nicht immer leicht im Ausland zu leben; trotzdem arbeiten und studieren viele Menschen in einem fremden Land.
10. Mein Bruder studiert in Griechenland und ich studiere in Deutschland.
11. Ich kann in meiner Heimat dieses Fach nicht studieren; deshalb studiere ich in Darmstadt.
12. Sie möchte ein Gedicht von Heine in ihre Muttersprache übersetzen, doch es gelingt ihr nicht.
13. Er saß im Mantel am Schreibtisch, denn die Heizung war kaputt.
14. Wir saßen alle beim Abendbrot, da klingelte das Telefon.
15. Freunde von mir machen einen Camping-Urlaub in Frankreich; so verbringen sie ihre Ferien ohne Stress.

149.

2. Nein, das sind die Notizen meiner Freundin.
3. Nein, das ist das Wörterbuch einer Studentin.
4. Nein, das ist die Tasche eines türkischen Studenten.
5. Nein, das ist Bettinas Brille (die Brille von Bettina).
6. Wie heißt Deutschlands Hauptstadt? (Wie heißt die Hauptstadt Deutschlands / von Deutschland?)
7. Wo steht das Haus deiner Eltern?
8. Wie findest du die Uniform des Soldaten?
9. Wie gefallen dir Marinas neue Möbel? (Wie gefallen dir die neuen Möbel von Marina?)
10. Wie lange dauert die Vorlesung des Professors?
11. Das ist der Kittel der Assistentin.
12. Das ist der Rucksack eines Kollegen.
13. Am besten gefällt mir Fatmas Bild. (Am besten gefällt mir das Bild von Fatma.)
14. Ich habe den Text mit Hilfe meines älteren Bruders übersetzt.
15. Wir haben unsere Ferien in Manfreds Ferienhaus verbracht. (Wir haben unsere Ferien im Ferienhaus von Manfred verbracht.)

150.
2. der; 3. die; 4. das; 5. der; 6. das; 7. die; 8. das

151.
1. den; 2. das; 3. die; 4. den; 5. die; 6. die; 7. den; 8. das; 9. die; 10. den

152.
1. der; 2. dem; 3. denen; 4. dem; 5. denen; 6. der; 7. dem; 8. denen; 9. dem; 10. der; 11. dem; 12. denen; 13. dem; 14. der; 15. denen

153.
1. dem; 2. das; 3. die; 4. denen; 5. der; 6. der; 7. dem; 8. die; 9. dem; 10. den; 11. denen; 12. das; 13. der; 14. der; 15. die

154.
2. Meine Freundin, der ich eine CD geschenkt habe, hat sich gefreut.
3. Der Fahrer, der den Schulbus gefahren hat, war betrunken.
4. Der 20-€-Schein, den ich gefunden habe, war gefälscht.
5. Unsere Gäste, für die wir ein Hotelzimmer reserviert haben, kommen aus München.
6. Der Roman, nach dem du mich gefragt hast, ist langweilig.
7. Hassan fuhr mit einem Fahrrad, das ihm sein Freund geliehen hatte.
8. Sie hat einen Vorschlag gemacht, dem ich nicht zustimmen kann.
9. Die Leute, mit denen ich mich im Zug unterhalten habe, waren sympathisch.
10. Kostas, dem das Leben in Deutschland nicht gefiel, ist nach Griechenland zurückgekehrt.
11. Ist das deine Schwester, von der du so viel erzählt hast?
12. Die Wanderer, denen wir begegnet sind, wollen auf den Feldberg.
13. Otto hatte ein Problem, über das er lange nachgedacht hat.
14. Die Frau, in die Markus verliebt ist, heißt Katrin.
15. Die Studentin, der das Notebook gehört, hat sich noch nicht gemeldet.
16. Jetzt kommt endlich das Taxi, auf das ich lange gewartet habe.

155.
2. deren; 3. dessen; 4. deren; 5. dessen; 6. deren; 7. deren; 8. deren; 9. deren; 10. dessen; 11. deren; 12. deren

156.
2. auf deren; 3. nach deren; 4. auf deren; 5. um deren; 6. über dessen; 7. mit dessen; 8. auf dessen; 9. über dessen; 10. mit dessen; 11. mit deren; 12. um deren

157.
2. deren; 3. unter dessen; 4. dem, das; 5. die; 6. der; 7. in deren; 8. mit denen / bei denen; 9. mit der; 10. mit dessen; 11. an dessen; 12. der; 13. der, mit dem; 14. denen; 15. von der

158.
über den / auf dem / mit dem / den / die / die / in dem / den / dessen / deren / in dessen / die / dessen

159.

2. Hast du Peter, meinen älteren Bruder, gesehen?
3. Hast du mit Peter, meinem älteren Bruder, gesprochen?
4. Alle Freunde Peters, meines älteren Bruders, waren schon einmal hier.
5. Er lebt in Paris, der französischen Hauptstadt.
6. Paris, die französische Hauptstadt, hat mir gut gefallen.
7. Meine Erinnerungen an Paris, die französische Hauptstadt, sind ganz lebendig.
8. Hast du noch nichts von den Azteken, den Ureinwohnern Mexikos, gehört?
9. Die Pyramiden der Azteken, der Ureinwohner Mexikos, sind weltberühmt.
10. Australien, der fünfte Kontinent, wurde im 16. Jahrhundert von Europäern entdeckt.
11. Viele Touristen aus Europa bereisen Australien, den fünften Kontinent.
12. In Australien, dem fünften Kontinent, gibt es keine Erdbeben.
13. Die Ureinwohner Australiens, des fünften Kontinents, werden Aborigines genannt.

160.

2. Nein, er bezahlt seiner Tochter die Reise nicht.
3. Nein, sie hat die Strafe nicht bezahlt.
4. Nein, wir legen die Blumen nicht in den Kühlschrank.
5. Nein, ich habe (wir haben) die Fragen nicht verstanden.
6. Nein, sie arbeitet nicht für ihr Studium.
7. Nein, er ist nicht mit dem Zug gekommen.
8. Nein, ich wohne nicht in Köln.
9. Nein, das Wetter ist nicht gut.
10. Nein, es schneit nicht.
11. Nein, es hat gestern bei uns nicht geregnet.
12. Nein, der Vater überweist seinem Sohn das Geld nicht.
13. Nein, ich habe den Brief nicht in den Kasten geworfen.
14. Nein, meine Eltern rechnen nicht mit meinem Besuch.
15. Nein, Dieter ist nicht im Arbeitszimmer.
16. Nein, das Essen schmeckt uns heute nicht besser.
17. Nein, mir und meiner Familie gefällt das neue Haus nicht.
18. Nein, wir gehen heute Nachmittag nicht spazieren.
19. Nein, sie bringt ihre Freundin nicht zum Bahnhof.
20. Nein, sie fahren nicht mit dem Taxi.

161.

2. Nein, sie kauft sich heute keinen Mantel.
3. Nein, wir haben keine Angst.
4. Nein, ich brauche keine Hilfe.
5. Nein, ich habe keine Probleme.
6. Nein, du brauchst dir keine Sorgen zu machen. (Nein, du musst dir keine Sorgen machen.)
7. Nein, ich habe keine Zeit für Sie.
8. Nein, er hat kein neues Handy.
9. Nein, ich brauche keinen schnelleren Drucker.
10. Nein, ich habe keine Lust, heute Abend ins Kino zu gehen.

162.

2. Marco hat keinen Bart.
3. Marco trägt keine Jeans.
4. Marco arbeitet nicht gerne.
5. Marco schläft nicht bei offenem Fenster.
6. Marco trinkt morgens kein warmes Wasser.
7. Marco wäscht seine Wäsche nicht selbst.
8. Marco fährt nicht mit dem Fahrrad.
9. Marco wohnt nicht auf dem Land.
10. Marco gefällt das Leben auf dem Land nicht.
11. Marco hat keine Freundin.
12. Marco liebt keine Katzen.
13. Marco interessiert sich nicht für Ökologie.
14. Marco liest in seiner Freizeit keine Kriminalromane.
15. Marco mag die Menschen nicht.

163.

2. Nein, er hat noch keinen Job gefunden.
3. Nein, ich habe keine Kopfschmerzen mehr.
4. Nein, es ist noch nicht 10 Uhr.
5. Nein, wir haben keinen Hunger mehr.
6. Nein, wir haben die Aufgaben noch nicht gelöst.
7. Nein, die Kinder haben noch kein Interesse an Jazz.
8. Nein, Erik ist noch nicht verheiratet.
9. Nein, seine Großeltern leben nicht mehr.

164.

2. Er ist weder groß noch schlank.
3. Ich bin weder in Marokko noch in Tunesien gewesen.
4. Maria besitzt weder ein Fahrrad noch ein Motorrad.
5. Ich gehe heute Abend weder ins Kino noch sehe ich fern.

165.

2. Nein, heute war niemand hier.
3. Nein, mir fehlt nichts.
4. Nein, hier hat niemand geraucht.
5. Nein, wir lesen nie(mals) die BILD-Zeitung.
6. Nein, ich habe noch nie(mals) im Lotto gewonnen.
7. Nein, niemand war an der Tür.
8. Nein, hier gibt es nirgends (nirgendwo) ein preiswertes Hotel.
9. Nein, ich war noch nie(mals) in Berlin.
10. Nein, es gibt nichts Neues.
11. Nein, ich habe nirgends (nirgendwo) Bekannte getroffen.
12. Nein, ich habe mit niemand(em) gesprochen.
13. Nein, Eva hat nichts von ihrem neuen Freund erzählt.
14. Nein, Peter wird die Prüfung nie(mals) schaffen.
15. Nein, nirgendwo auf der Welt gibt es lebende Dinosaurier.

166.

2. Nein, das Kind schläft noch nicht.
   Doch, das Kind schläft schon.
3. Nein, das ist nicht meine Grammatik.
   Doch, das ist meine Grammatik.
4. Nein, ich bin nicht verletzt.
   Doch, ich bin verletzt.
5. Nein, ich habe den Text nicht verstanden.
   Doch, ich habe den Text verstanden.
6. Nein, ich bin noch nicht fertig.
   Doch, ich bin schon fertig.
7. Nein, ich bin nicht mehr müde.
   Doch, ich bin noch müde.
8. Nein, ich kenne niemand(en) in Paris.
   Doch, ich kenne jemand(en) in Paris.
9. Nein, ich möchte nichts mehr essen.
   Doch, ich möchte noch etwas essen.

167.

einem, ein, dem (im), dem, ein, den, dem, eine, die, ein, Der, ein, das, dem, Der, den

168.

2. eine, Die; 3. ø, ø; 4. einen; 5. ein, einem, Der, eine; 6. der, ø; 7. Die, ein; 8. ein, ø; 9. -m, ø; 10. ø, eine; 11. ø; 12. ø; 13. dem (im), dem (im); 14. ø, die, der, die; 15. -s, ø, ø

169.

Ein, -er, ein, -es, der, eine, Ein, -er, Der, -e, ein, ein, der, -en, der, Eine, Der, das, die, ihre, dem, eine, einem, -en, Eine, -e, die, das, der, Der, eine, -e, den, den, der, die, die (den), der, -e, des, die, der, Mein, seinem (dem), das, Das, seine, meinem

170.

Wenn Einstein zu einem Vortrag eingeladen wurde, ließ er sich immer vom gleichen Fahrer hinfahren. Nach einiger Zeit sagte dieser zu Einstein: „Ich habe Ihren Vortrag nun schon so oft gehört, dass ich ihn genauso gut wie Sie halten könnte." Beim nächsten Vortrag tauschten die beiden ihre Rollen. Einstein saß in der Uniform des Fahrers im Saal, während der Fahrer den Vortrag fehlerfrei hielt. Am Ende des Virtrags fragte ein Zuhörer nach zusätzlichen Einzelheiten. Der Fahrer ließ sich nicht aus der Ruhe bringen und antwortete: „Die Antwort auf diese Frage ist so einfach, dass mein Fahrer, der dort im Publikum sitzt, sie beantworten kann."

171.

Eines Tages traf Einstein einen Kollegen und sagte zu ihm: „Kommen Sie doch heute Abend zu mir! Professor Smithson wird auch da sein." „Aber ich bin doch Smithson!", antwortete völlig überrascht der Wissenschaftler. „Das macht doch nichts", beruhigte ihn Einstein, „Kommen Sie trotzdem!"